「できる大人」の人を動かす言葉

# ずるいモノの言い方

佐藤幸一
koichi sato

SOGO HOREI Publishing Co., Ltd

# はじめに

　本書のサブタイトルに「人を動かす言葉」とあります。人は、「早くやって！」とただ急かしただけではやってくれませんし、なかなか動きません。それを「お願いだからさぁ」とすり寄ったり「急げ！」と大声を張り上げたりして……、動いてほしい相手に、言葉や態度でなんとか仕向けたりするわけです。リーダー職の人などは、思っていた以上に人を動かすことの苦労を実感しているでしょう。

　そんな中、一言伝えるとさっと相手が動き出す魔法使い（？）のような人もいたりします。そんな魔法使いな人が発する魔法の一言とは何か？
　それを本書のメインタイトル「ずるいモノの言い方」としているのです。
「早くやって！」と言っていた言葉を「期待していますよ」と言い換えると、相手の心にうれしさとやる気の火がパッとつきます。少なくとも「早くやれ」と言われるよりポジティブな気持ちになるでしょう。

　とにかく、言葉は使いようです。
　ネガティブな言葉をやめて、ポジティブな言葉を日々積み重ねていくと円満な人間関係、円滑なコミュ

2

ニケーションが成り立っていきます。前向きな言葉に言い換えていくと、自分も相手も気分よく付き合え、信頼関係を育み、人間関係も仕事の結果もよくなっていくのです。

　ただポジティブに言い換えるだけでなく、相手を思いやり、口にするタイミングやシーン、相手との関係性に気をつけて、TPOに合わせた丁寧な言葉選びも大切です。その点は本書がフォローしますので、次ページの「本書の使い方」を念頭に本編を読み進めてみてください。きっと、使えるシーン、タイミングの言葉（フレーズ）を見つけることができるでしょう。また、使いたいフレーズもたくさん知ることができ、身につけられるでしょう。
　各章の終わりには、交渉テクニックといったコミュニケーションの際に知っておきたい心理現象もコラム形式で紹介してみました。

　世の中は「言葉」を中心に動いているといっても過言ではありません。本書で覚えた言葉をずるく使って、人を気持ちよく動かしていきましょう。

## 本書の使い方

### シチュエーション

どのような状況で使うか。どんなときに、どういう人へ向けて使うかを表示

### つい言ってしまいがちなフレーズ

日頃、上のシチュエーションのときに使いがちな言い方、言葉

### 言い換えフレーズ

相手に好印象を与え、人を動かすフレーズ
あなたの印象や評価をよくする言い方

### 実例

言い換えフレーズを用いた実例の紹介

### POINT

言葉の意味の紹介。言い換えフレーズの使い方、伝え方などの注意点

### 手間のかかることをお願いするとき

**NG** ○○してほしいのですが

**OK!** ○○していただけると助かるのですが

**実例** △△社に出す資料ですが、ここだけ最新データに差し替えていただけると助かります。お願いできますか。

**POINT** 「できるだけ○○してくださると助かるのですが」「急いでくださると助かります」など、お願いするときに使えます。

---

### 仕事を依頼するとき

**NG** やってもらえませんか?

**OK!** ○○さんにやっていただけると大変うれしいのですが

**実例** 最終チェックを△△社さんにやっていただけると、大変うれしいのですが。よろしくお願いします。

**POINT** 「大変うれしい〜」は、相手に期待感を抱かせる言い方です。信頼している人に任せるときに使いたいフレーズです。

---

### 難しいことをお願いするとき

**NG** 難しいと思うのですが

**OK!** お願いするのは忍びないのですが

**実例** お願いするのは忍びないのですが、ご協力いただけないでしょうか?

**POINT** 「無理を承知で……」という気持ちが伝わる表現です。態度や語調などにも気を配って気持ちを伝えましょう。

12

# ずるい言い方は、うまい言い方！

いや〜、一本とられましたよ、
相手を気持ちよくさせるそのフレーズ!!

## ● ずるい言い方のポイントを解説！

「やってよ！」と言われるより「期待しているよ〜」と言われると「よし！　やってやるぞ!!」と、期待に応えようと前向きになりませんか？　このように、相手の気持ちや行動に働きかける言葉を本書では「ずるい言い方」と定義します。言い換えると「ずるい言い方」＝人を動かす「うまい言い方」です。

## ● お願いを聞いてもらえる「ずるい言い方」

無理難題な案件を「お願いします！」と強く言ったところで、なかなか受け入れてもらえないものです。そこで、相手の状況や気持ちに配慮した言い方と言葉（フレーズ）を使うと、意外と了解してもらえます。

## ● 相手のモチベーションをあげる「うまいほめ言葉」

ほめられると相手はうれしくなります。普段のコミュニケーションでさりげなく「ほめ言葉」を使っていると、相手はうれしくもあり、言ってくれた相手に好

感を持ちます。印象のよい相手の言葉は、すんなり受け入れやすいものになります。普段から「ほめ言葉」を上手に使いましょう。

## うまい断り方は相手の気分を害さない

言葉は気持ちを表現する道具でもあります。謝罪するときは、真摯な姿勢が伝わるであろう言葉を使いながら頭を下げ、謝りましょう。

また、依頼を断るときには、相手の気持ちや事情を受け止めた上でこちらの事情や気持ち（断ること）を伝えることがポイントです。むげに断る姿勢は相手にネガティブな印象を与えます。

## できる大人が使っている「ずるい言い方」を伝授！

できる大人はコミュニケーションに長けています。それは、普段から相手への心遣いや周囲への配慮に長けているからです。思いやりが言葉や態度に表れ、声をかけられると、相手は気持ちよく行動を起こしてくれるのです。「思いやり」が人に対する言葉を変えていきます。その例を本書では紹介していきます。

## 目次

はじめに　　2

本書の使い方　　4

ずるい言い方は、うまい言い方！　　6

### 第1章　聞き入れてくれる「お願い」言葉　　11

**ずるい言い方に+α 1**　人は、「理由付き」のお願いを意外と素直に受け入れてくれる!?　　30

### 第2章　感謝が伝わる「お礼」言葉　　31

**ずるい言い方に+α 2**　お礼の気持ちは、お返しをしたくなる気持ちの表れ？　悪意のお返しも!?　　48

### 第3章　相手をうれしくさせる「ほめ」言葉　　49

**ずるい言い方に+α 3**　直接より間接的にほめられるほうがよりうれしく、好印象になる人の心理　　64

### 第4章　許してくれやすい「謝罪」言葉　　65

| ずるい言い方に+α 4 | ミスを犯して謝るときに口にするミスの原因は、言い訳に聞こえることも | 88 |

## 第5章 後に引かない「断り」言葉 | 89

| ずるい言い方に+α 5 | 相手の気分を害さずに「お断り」する秀逸かつ簡単な交渉テクニック | 114 |

## 第6章 相手の心に響く「お叱り」言葉 | 115

| ずるい言い方に+α 6 | 「叱る」「注意する」ときに大切なことはタイミングやシチュエーション | 146 |

## 第7章 心遣いを感じさせる「声かけ」言葉 | 147

| ずるい言い方に+α 7 | 声かけ、言葉かけはもちろん、仕草（態度）で人との関係を構築できる | 178 |

## 第8章 電話やSNS等で使えるキラーフレーズ | 179

おわりに | 190

| | |
|---|---|
| ブックデザイン | 別府拓（Q.design） |
| DTP | 横内俊彦 |
| 校正 | 矢島規男 |

## 第1章

聞き入れてくれる
「お願い」言葉

### 手間のかかることをお願いするとき

**NG** ○○してほしいのですが

**OK!** ○○していただけると助かるのですが

**実例** △△社に出す資料ですが、ここだけ最新データに差し替えていただけると助かります。お願いできますか。

**POINT** 「できるだけ○○してくださると助かるのですが」「急いでくださると助かります」など、お願いするときに使えます。

---

### 仕事を依頼するとき

**NG** やってもらえませんか？

**OK!** ○○さんにやっていただけると大変うれしいのですが

**実例** 最終チェックを△△社さんにやっていただけると、大変うれしいのですが。よろしくお願いします。

**POINT** 「大変うれしい〜」は、相手に期待感を抱かせる言い方です。信頼している人に任せるときに使いたいフレーズです。

---

### 難しいことをお願いするとき

**NG** 難しいと思うのですが

**OK!** お願いするのは忍びないのですが

**実例** お願いするのは忍びないのですが、ご協力いただけないでしょうか？

**POINT** 「無理を承知で……」という気持ちが伝わる表現です。態度や語調などにも気を配って気持ちを伝えましょう。

### 忙しい相手にお願いするとき

 ちょっとお時間いいですか？

 ○分だけ、お時間いいですか？

（実例）△△の件について、5分だけお時間よろしいでしょうか？

（POINT）時間を区切って「○分だけ」という表現にすることで、相手の負担感が減り、聞く気にさせることができます。

---

### 間接的にお願いしたいとき

 ○○してもらえるとうれしいんだけど

 ○○していただけると ありがたいのですが

（実例）お手数ですが、プレゼン資料を確認していただけるとありがたいのですが…。

（POINT）「お手数ですが」や「恐縮ですが」を入れると、さらに配慮が感じられます。言葉を惜しまずに伝えましょう。

---

### 強くお願いしたいとき

 絶対○○してください！

 ○○していただきますよう切に願います

（実例）難しいとは思いますが、期限までに提出していただきますよう切に願います。

（POINT）「どうしても」という思いが伝わる言葉です。どうしても相手を動かしたいときは、覚悟を決めて伝えましょう。

## 急なお願いを聞いてもらいたいとき

**NG** 失礼な話なんですけど

**OK!** 不躾（ぶしつけ）なお願いで恐縮ですが

**実例** 不躾なお願いで恐縮ですが、△△の件、よろしくお願いいたします。

**POINT** 「失礼な」はネガティブな印象を与えます。「不躾な」は、お詫びしながらお願いしているという印象になります。

---

## 協力的ではない人にお願いするとき

**NG** ○○してくださいよ

**OK!** できるだけ○○していただけると助かるのですが

**実例** ○○さんもできるだけ電話をとっていただけると大変助かります。

**POINT** 直接お願いしても協力的でない人には、周囲の事情も伝えながらお願いする言い方が効果的です。

---

## 相手を信用してお願いするとき

**NG** ○○さんは信用できるから言いますけど

**OK!** 折り入ってご相談がありまして

**実例** 折り入ってご相談がありまして、お時間をいただけないでしょうか？

**POINT** 「折り入って」と言うことで、伝えたい内容の「深刻度合い」と「重要度」が伝わり、相手の心に響きやすくなります。

### できればしてほしいとき

 ○○してほしいんですけど

 ○○していただけると助かります

(実例) もしよろしければ、直接やり取りをしていただけると助かります。

(POINT)「勝手なことを申し上げますが……」という相手に配慮した気持ちが伝わる言い方です。

---

### 検討してもらいたいとき

 考えておいてもらえませんか？

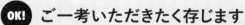 ご一考いただきたく存じます

(実例) △△の件、ご一考いただきたく存じます。

(POINT) 実行することに慎重さが求められるものは、「ご一考」という丁寧な表現を使うと効果的です。

---

### 相手の都合を気遣いつつお願いするとき

 お忙しいと思いますが

ご多忙とは存じますが

(実例) ご多忙とは存じますが、△△の件、ご協力のほどよろしくお願いします。

(POINT) 相手の状況を気遣うとともに、念押しの意味を込めて使う催促のフレーズです。

### 急な用事をお願いするとき

 急ぎでお願いしたいのですが

## 少々お時間をいただくことになるかもしれないのですが

**実例** △△の件ですが、少々お時間をいただくことになるかもしれませんが、よろしいでしょうか？

**POINT** 急な案件は、簡単なことであっても相手の時間を割くことになります。時間がなくてもお願いは丁寧にしましょう。

---

### 強く相手にお願いするとき

 ○○という訳にはいきませんか？

## 伏してお願いいたします

**実例** △△の件、至急××していただきたく、伏してお願い申し上げます。

**POINT** 強いお願いの気持ちを低姿勢で表現できる言い方です。切羽詰まっている状況も相手に伝わります。

---

### 無理なことをお願いするとき

 無理を承知で申し上げるのですが

## 他に相談できる方もおらず

**実例** ○○さんの他に相談できる方もおらず、お話だけでも聞いていただきたいのですが。

**POINT** 「あなたしかいない」と頼まれると、助けてあげたい心理が働きます。目上の人にお願いするときに使える表現。

### 厚かましいお願いをするとき

**NG** すみません、○○してください

**OK!** ## わがままを申すようですが

**実例** わがままを申すようですが、△△社の案件も担当していただきたいのですが。

**POINT** こちら側も厚かましいお願いだとわかっていることをにじませつつ、「どうしても」という思いを伝えるフレーズ。

---

### 注意点を加えて要求するとき

**NG** ○○に気をつけてくださいね

**OK!** ## ○○の点、あらかじめご了承ください

**実例** すでにお伝えさせていただきましたが、○○の点、あらかじめご了承ください。

**POINT** 再確認や重要なことを伝えられる表現です。念押しでもあり、しつこいと思われることを回避できる言い回しです。

---

### 仕事の指示をもらいたいとき

**NG** 何でも言ってください

**OK!** ## 何なりとお申しつけください

**実例** 私にできることがあれば、何なりとお申しつけください。

**POINT** 一定の距離感を保ちたいときによく使う表現です。依頼を受けたときはきちんと対応しましょう。

第1章 聞き入れてくれる「お願い」言葉

### 期限を延ばしてもらいたいとき

**NG** 延ばしてもらえませんか？

**OK!** ご猶予をいただけると
ありがたいのですが

**実例** △△の件、ご猶予をいただけるとありがたいのですが……。

**POINT** 「打診」する表現で丁寧に伝えると、無理なスケジュールでの対応をお願いすることができる言い回しになります。

---

### 自分の都合を聞いてもらいたいとき

**NG** こっちの話なんですけど

**OK!** 勝手なお願いで申し訳ありませんが

**実例** 勝手なお願いで申し訳ありませんが、ご検討いただければ幸いです。

**POINT** ビジネスシーンでよく使うフレーズです。「助かります」と同じように「幸いです」も活用していきましょう。

---

### 間に入ってほしいとき

**NG** 仲を取りもってもらえますか？

**OK!** おとりなしのほどお願いいたします。

**実例** △△社の件、よろしくおとりなしのほどお願いいたします。

**POINT** 他者とのことなので、より丁寧な表現にします。「大切にしている」という気持ちを伝えましょう。

### 然るべき対応を取ってもらいたいとき

**NG** 対応してください

**OK!** ご善処いただきたく、お願いいたします

(実例) ○○の件、ご善処いただきたく、お願いいたします。

(POINT) 前向きな対応を願う気持ちが伝わる表現です。丁寧にお願いすれば、自然と相手の対応は変わってきます。

---

### 一緒に参加してもらいたいとき

**NG** 参加してもらえますか？

**OK!** ご同席をお願いできますでしょうか？

(実例) △△社との○○の件ですが、私一人では力不足のため、ご同席をお願いできますでしょうか？

(POINT) 「○○のため」と理由を簡単に添えることで、依頼の理由がわかります。相手の気持ちや立場を考えて伝えましょう。

---

### 無理を承知で頼み事をしたいとき

**NG** 無理ですよね

**OK!** 他ならぬ○○さんだからこそ、お願いしています

(実例) 他ならぬ○○様だからこそ、お願いしています。ご協力いただけないでしょうか？

(POINT) 相手の名前をゆっくりと発音し、相手を持ち上げるくらいに伝えるとより響くでしょう。

### 説明不足の上司に尋ねるとき

**NG** おっしゃることがよくわからないのですが

**OK!** ## 知識不足で申し訳ないのですが

**実例** ○○部長、知識不足で申し訳ないのですが、△△社との話をもう一度詳しく教えていただけないでしょうか?

**POINT** 詳しく説明してもらいたいときに使う言い方です。相手を非難せず、へりくだる言い回しで聞き出しましょう。

---

### 相手が約束と違う要求をしてきたとき

**NG** 約束は守ってください

**OK!** ## お約束と違うようですが

**実例** お約束と違うようですので、改めて事前に取り交わした覚書をご確認いただきますでしょうか?

**POINT** 約束と違うことを要求してきたときに使えるフレーズです。反論にも聞こえますが、確認をお願いする言い方で。

---

### 強くお願いしたいとき

**NG** ぜひともお願いします

**OK!** ## 伏して、お願い申し上げます

**実例** ○○部長には××の件、伏してお願い申し上げます。

**POINT** 「伏して」という言葉によって、頭を下げているイメージが湧きます。それによってより強さが伝わります。

20

### わからないことを教えてもらいたいとき

 教えてくれませんか？

 **お知恵を拝借願えませんか？**

(実例) ○○部長のお知恵を拝借願えないでしょうか？

(POINT) 「お知恵を拝借」という言葉で、相手の価値を認め、尊敬の念も同時に伝えられる言い方になります。

---

### 意見を言ってほしいとき

 意見をください

 **お考えをお聞かせいただけますか？**

(実例) ○○様のお考えをお聞かせいただけますか？

(POINT) 改めて聞く姿勢を示し、話しやすくします。高圧的な態度になりやすいので、なるべくソフトに言いましょう。

---

### くり返し説明してもらいたいとき

 もう一度説明してもらえますか？

**重要な内容なので、もう一度伺えますか？**

(実例) 重要な内容かと思いますので、念のため、もう一度伺えますか？

(POINT) 単にリクエストすると面倒に思われることもあります。「重要だから」という理由を加えてお願いしましょう。

第1章　聞き入れてくれる「お願い」言葉

### 早く動いてもらいたいとき

**NG** 早くしてください！

**OK!** 急かすようで申し訳ありませんが

**実例** 急かすようで申し訳ありませんが、○○のご確認をお願いできますか？

**POINT** 何度伝えても動いてくれない相手には、気遣いながらも切迫感を伝え、相手に行動を促す言い方をしましょう。

---

### 仕事の質を上げてもらいたいとき

**NG** もっと質のいい仕事をしてください

**OK!** 期待しています

**実例** ○○さんの作る資料はわかりやすいので、期待しています！

**POINT** 「期待している」と表現すれば、相手を認めていることが前面に出て、相手の奮起を促せます。

---

### 仕事のスピードを上げてもらいたいとき

**NG** もっとスピードを上げてください

**OK!** ○○さんが気を揉んでいらっしゃいますよ

**実例** 進捗状況はいかがですか？　○○さんが気を揉んでいらっしゃいますよ。

**POINT** 相手にとって脅威の存在である人物が気を揉んでいるという言い方をすることで、やる気にさせられます。

### 特定の人にもっと積極的になってもらいたいとき

**NG** ○○さん、もっと積極的になってよ

**OK!** ○○さん！　お客様が待っているよ！

**実例** ○○さん！　お客様が待っているんだから、頑張って！

**POINT** 本人の問題ではなく、全員共通の対象（上記の場合「お客様」）にした言い回しに変え、急ぐ気持ちにさせる言い方。

### 人を紹介してもらいたいとき

**NG** 紹介してください

**OK!** お口添えをいただければ幸いです

**実例** ○○様から△△様にお口添えをいただければ幸いです。

**POINT** とくに目上の人に他者との関係をとりなしてもらう際に使うフレーズが「お口添え」です。

### 訂正をお願いするとき

**NG** ここをやり直していただきたいのです

**OK!** 一部、ご相談したい箇所がございまして

**実例** ○○をありがとうございます。一部、ご相談したい箇所がございます。

**POINT** 「一部」と使うと不備の範囲が少ない印象になるので、相手も話を聞きやすく、こちらも言いやすくなります。

第1章　聞き入れてくれる「お願い」言葉

### 部下に仕事の協力をお願いして断られたとき

**NG** なんだその態度は！

**OK!** ○時間だけでも、お願いできないかな？

**実例** 申し訳ないね。皆にも協力してもらっているから、1時間だけでもお願いできないかな？

**POINT** 部下に依頼するときは上から的な言動に気をつけ、時間を明確にすると、言われた側は素直に動きやすくなります。

---

### 間違わないようにお願いしたいとき

**NG** 次回は○○しないでくださいね

**OK!** 次回は○○していただけると助かります

**実例** 次回は、提出前に一度確認していただけると助かります。

**POINT** 否定的な言い方より、やってほしいことを伝えるほうが前向きに仕事に取りかかってもらえるでしょう。

---

### 相手の書いた字が汚くて読めないとき

**NG** 何て書いてあるのですか？

**OK!** 何と読めばよろしいでしょうか？

**実例** 恐れ入りますが、この字は何と読めばよろしいでしょうか？

**POINT** 字が汚いからではなく、知識がないから読めないというニュアンスになります。名前がわからないときにも使えます。

### 話が聞き取れなかったとき

 何て言いました？

### もう一度おっしゃっていただけませんか？

**実例** 恐れ入りますが、もう一度おっしゃっていただけませんか？

**POINT** わずらわしく思われないために、クッションとなる言葉を入れて、丁寧にお願いしましょう。

---

### もう一度同じことを聞くとき

 何度もすみません

### たびたび申し訳ございません

**実例** たびたび申し訳ございません。もう1点確認したいことがございます。

**POINT** 何度も同じことを聞いてしまうとき、連続して聞きたいことがあるときなどに使う表現です。丁寧さをにじませて。

---

### 言った内容を確認するとき

 ○○でいいですか？

### ○○ということでよろしいでしょうか？

**実例** ○○を注文なさったにもかかわらず、××が届いたということでよろしいでしょうか？

**POINT** 要点を確認するときに使う言い方です。お互いの認識を共通にしておくことで、ミスも防げます。

## 部下にやり直してほしいとき

**NG** やり直してください

**OK!** もう少しブラッシュアップできそうだね

（実例）この企画は、もう少しブラッシュアップできそうだね。

（POINT）企画や提出物に対して改善してほしい場合は、ポジティブかつ全面的なやり直し感のない言い方で促しましょう。

---

## 連絡がほしいとき

**NG** 連絡してください

**OK!** ご一報いただけると幸いです

（実例）○○の件、詳細が決まりましたら、ご一報いただけると幸いです。

（POINT）へりくだった言い方はより強い願いを表わせます。また、相手の負担感を軽減して、より行動しやすくできます。

---

## パーティーなどに必ず参加してほしいとき

**NG** 絶対参加してください

**OK!** 万障お繰り合わせの上、ご出席ください

（実例）○○の忘年会、万障お繰り合わせの上、ご出席ください。

（POINT）「不都合な事情を調整して出席してほしい」という意味になります。改まった場などに誘うときに使う言い回しです。

26

### 相手に理解してもらいたいとき

 きついと思いますが、わかってもらえませんか？

 **勝手を申し上げますが、ご理解いただけると幸いです**

（実例）〇〇の件、勝手を申し上げますが、ご理解いただけると幸いです。

（POINT）とにかく理解してほしいという自分のわがままを勝手を承知の上で言うという表現で、理解を促します。

---

### 相手にわざわざ来てもらうとき

 わざわざ来ていただいてすみません

 **ご足労おかけします**

（実例）弊社までお越しいただけるとのこと、ご足労おかけします。

（POINT）「ご足労」という丁寧な言い方によって、来てもらうことの申し訳ない気持ちが相手に伝わります。

---

### 協力してもらいたいとき

 協力してください

 **お力添えいただけますか？**

（実例）〇〇さんにお力添えをいただければ幸いです。

（POINT）「力添え」は「協力」よりも丁寧で、協力するイメージも湧きやすい言葉。相手の気持ちに響きやすいです。

## 参加してもらいたいとき

**NG** 参加してください

**OK!** ご参加賜りますようお願いいたします

**実例** ご多用とは存じますが、ご参加賜りますようお願いいたします。

**POINT** 「賜る」は「ぜひとも」に近いニュアンスを伝えられる表現です。人を募るときに使いやすい言葉です。

---

## 部下からの報告がないとき

**NG** 結果を聞いていないけど?

**OK!** 一言でいいから教えてね

**実例** 次の○○さんが待っているから、結果を一言でいいから教えてね。

**POINT** 言いづらいのであれば「一言でも」というハードルを下げる言い回しで、報告をしやすくする表現になります。

---

## 次の仕事(機会)をもらえるように要求するとき

**NG** 次もお願いしますよ

**OK!** お役に立てて光栄です
今後ともよろしくお願いいたします

**実例** ○○さんのお役に立てて光栄です。今後ともよろしくお願いいたします。

**POINT** 「今後も仕事の依頼をしてほしい」という気持ちを込めた「お役に立てて光栄です」とへりくだった言い方です。

### 資料など見てほしいとき

 チェックをお願いします。

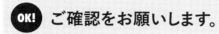

### ご確認をお願いします。

**実例** ○○先生、原稿のご確認をお願いします。

**POINT** 依頼やお願い事をするときは、とにかく丁寧な言葉を意識しましょう。相手が受ける印象度が上がります。

---

### 簡単な仕事を頼むとき

 誰でもできる仕事だから

### 単純だけど、大事な仕事だからお願い

**実例** ○○君、これは単純で簡単なものだけど、大事な仕事だからお願いするよ。

**POINT** 簡単だからと相手が使い走り扱いされていると感じないように「大事な仕事」と添えましょう。

---

### 部下に仕事を任せるとき

 ○○さんにお願い

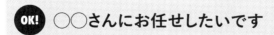

### ○○さんにお任せしたいです

**実例** △△社への商品のプレゼンは、○○さんにお任せしたいです。お願いしますよ。

**POINT** 「お任せします」は信頼感が伝わります。頼まれた部下も責任をもって引き受けてくれるでしょう。

**ずるい言い方に＋α 1**

# 人は、「理由付き」のお願いを意外と素直に受け入れてくれる!?

　心理現象のひとつに、何かしらの働きかけによって深く考えることなく行動を起こしてしまう「カチッサー効果」があります。心理学者のエレン・ラガーの検証では、実験者がコピー機に並ぶ順番待ちの列の先頭へ向かい次の3通りの言い方でお願いをしました。①「先にコピーをとらせて」、②「急いでいるのでコピーをとらせて」、③「コピーをとらないといけないので先にコピーをとらせて」。承諾率は①60％、②94％、③93％でした。③は理由になっていない理由でコピーを譲っています。

　②③の結果から、人は"何かしらの理由をつけた"お願いをすると、受け入れてくれる確率がグンと上がることがわかります。お願い事をするときには、頼む理由も伝えましょう。

## 第 2 章

感謝が伝わる
「お礼」言葉

## 相手の厚意に感謝するとき

**NG** わざわざすみません

**OK!** ご配慮いただき、ありがとうございます

**実例** お忙しいところご配慮いただき、ありがとうございます。

**POINT** 気遣ってくれたことに対してのお礼です。とくに目上の人には謙虚にお礼をすることが大切です。

---

## いろいろな場面で感謝を伝えるとき

**NG** すみません。どうも

**OK!** ありがとうございます

**実例** ○○さん、ありがとうございます。

**POINT** 「すみません」は、本来「申し訳ございません」という意味のお詫びの言葉です。感謝の気持ちは十分に伝わりません。

---

## いつも何かとお世話になる人に感謝を伝えるとき

**NG** いつもすみません

**OK!** おかげさまで

**実例** おかげさまで、プロジェクトは成功しました。○○さんのお力添えに感謝いたします。

**POINT** 「すみません」ではぞんざいな印象を与えてしまいます。「おかげさまで」の一言で変わらない厚意に感謝しましょう。

### 気遣ってもらったとき

**NG** 本当にありがとうございます

**OK!** ご厚情に深謝いたします

(実例) ○○様のご厚情に深謝いたします。

(POINT) 励ましの言葉をかけてもらったり、親切にしてもらったりと相手の配慮に対する深い感謝を表する言い回しです。

---

### 周囲の人にお礼を言いたいとき

**NG** 皆さん、ありがとうございました

**OK!** 皆様が支えてくださったおかげです

(実例) 皆様が支えてくださったおかげで、このたびのイベントは大盛況となりました。

(POINT) 自分があるのは周囲の「支え」があってと思っていると、周囲にお礼を言うときに自然と言える言葉です。

---

### 大事な仕事をフォローしてもらったとき

**NG** 助けていただき

**OK!** ご助力いただき

(実例) 今回は○○社の皆様には、ご助力いただき誠に痛み入ります。

(POINT) 助けてもらったお礼としての丁寧な表現です。「痛み入ります」は、時と場所を選んで使いましょう。

### いつも力になってくれる人に感謝を伝えるとき

**NG** いつもありがとうございます

**OK!** いつも無理を聞いていただき、
感謝しております

**実例** ○○様には、いつも無理を聞いていただき、感謝しております。

**POINT** 毎回ではなくても相手にお願いを聞いてもらったことがある場合は、「いつも」を入れて感謝の気持ちを伝えましょう。

---

### ほめられたとき

**NG** めっそうもない

**OK!** センスがいい人にほめられると、
うれしいです

**実例** センスがいい○○さんにほめられると、うれしいですね。

**POINT** 相手をほめつつ、自分が喜んでいることも伝えられる言い回しです。

---

### お世話になっている相手に感謝を伝えるとき

**NG** いつもありがとうございます

**OK!** ○○様には足を向けて眠れません

**実例** いつもお世話になっている○○様には、足を向けて眠れません。

**POINT** 普段からお世話になっている人に、最大限の感謝を伝える言い回しです。「恐悦至極にございます」もよいでしょう。

### 仕事の進捗を気遣ってくれたとき

**NG** ありがとうございます

**OK!** お心遣い、うれしく存じます

（実例）○○様のお心遣い、大変うれしく存じます。

（POINT）仕事の様子を心配してもらったときや、体調を気遣ってもらったときに感謝を伝える言い回しです。

---

### 仕事を手伝ってもらったとき

**NG** 手伝っていただき、ありがとうございます

**OK!** お力添えいただき、
ありがとうございます

（実例）○○様、お力添えいただき、誠にありがとうございました。

（POINT）上司や目上の人に仕事を手助けしてもらったときには、「お力添えいただき」と一言添えると丁寧になります。

---

### ピンチの場面で助けてもらったとき

**NG** 助かりました

**OK!** 何とお礼を申し上げればよいか

（実例）○○様には何とお礼を申し上げればよいか……。言葉もありません。

（POINT）お礼を言いたいけれどその最上級の言葉が見つからないくらい感謝しているというフレーズです。

第2章 感謝が伝わる「お礼」言葉

### 親身に面倒を見てくれた人に感謝するとき

**NG** すっかりお世話になって

**OK!** 感謝のかぎりです

（実例）このたびは、感謝のかぎりです。本当にありがとうございました。

（POINT）心配りや援助をしてくれた人に「お世話になりました」だけでは失礼です。「感謝のかぎり」＝最上級の感謝です。

---

### 親しい間柄での軽い感謝を伝えるとき

**NG** ありがとう

**OK!** 恩に着ます

（実例）いつもいろいろ面倒をかけてしまって、恩に着ます。

（POINT）親しい間柄でもこの言い回しを使うと受ける印象がよくなります。軽い感謝の気持ちもよく伝わる便利な言葉です。

---

### 過去の厚意を伝えるとき

**NG** あのときはどうも

**OK!** その節はありがとうございました

（実例）その節は大変なお骨折りをいただきまして、ありがとうございました。

（POINT）「その節は」から始めると大人な印象を与えます。「その節は」は内容に関わらず使える便利なフレーズです。

### 相談に乗ってくれたとき

 話を聞いてくれてありがとう

 ○○さんに相談してよかったです

(実例) 思いきって○○さんに相談してよかったです。ありがとうございました。

(POINT) 相談された側は役に立てたか気になるものです。素直な喜びも伝えると相手も報われた気持ちになるでしょう。

---

### ちょっとしたことへのお礼を伝えるとき

 あ、どうも

 恐れ入ります

(実例) （ドアを開けていただいて）恐れ入ります。

(POINT) 何かしてもらったときに使える一言です。スッとこの言葉が出ると、スマートな印象を与えます。

---

### こちらの事情をくんでくれたとき

 わかっていただいて

 ご勘案いただきまして

(実例) ご勘案いただきまして、ありがとうございます。

(POINT) 「勘案」は、あれこれよく考えるという意味があります。相手に配慮してもらったときに感謝を伝えるです。

第2章 感謝が伝わる「お礼」言葉

### 想像以上に評価してもらったとき

**NG** ありがとうございます

**OK!** 身に余る光栄です

**実例** ○○の件、弊社にとって身に余る光栄と、心より感謝申し上げます。

**POINT** 「もったいない」や「身に余る」という気持ちを表すフレーズです。条件のよいオファーを受けたときなどに使えます。

---

### 自慢の商品を仕入れてもらったとき

**NG** 毎度ありがとうございます

**OK!** お眼鏡にかない、うれしく存じます

**実例** 我々の商品が○○様のお眼鏡にかない、うれしく存じます。

**POINT** 「お眼鏡にかなう」は相手を高める表現です。使い方で嫌みになってしまうので少し注意が必要です。

---

### 初めての打ち合わせのとき

**NG** はじめまして

**OK!** お目にかかれて、大変うれしく存じます

**実例** はじめまして。○○部長にお目にかかれて大変うれしく存じます。

**POINT** 相手を立てる言葉です。上の立場の人や尊敬している人と面談する際によく使います。

### 打ち合わせや商談が終わったとき

 今日はありがとうございました

 # 貴重なお時間をいただき～

（実例）○○様の貴重なお時間をいただき、誠にありがとうございました。

（POINT）話を聞いてもらった後に感謝を伝えるフレーズです。話に対しては「貴重なお話を聞かせていただき」となります。

---

### お祝いの品をいただいたとき

 ○○をお贈りいただき

 # お心遣いをいただき

（実例）いつも多大なるお心遣いをいただき、誠にありがとうございます。

（POINT）わざわざお祝いの品を贈ってくれた行為とその気持ちに対する言葉です。こちらも感謝の心遣いの気持ちで。

---

### 急ぎの仕事を間に合わせてもらったとき

 なんとか間に合いました

 # ご無理を承知で、お願いしましたが

（実例）ご無理を承知で○○部長にお願いしましたが、期日までに先方へ提出できました。本当に感謝しています。

（POINT）急ぎ＝無理かもしれないスケジュールをこなしてくれたことに感謝する言葉です。当然、言い方も丁寧にしましょう。

### 贈り物をいただいたとき

**NG** ○○をお贈りいただき、ありがとうございました

**OK!** お心遣いに感謝申し上げます

**実例** このたびは、○○さんからお品物をいただき、誠にありがとうございました。お心遣いに感謝申し上げます。

**POINT** 贈り物のお礼は、品物を選ぶ手間なども含めての相手の「心遣い」に感謝します。

---

### 失敗をフォローしてもらったとき

**NG** 大変失礼しました

**OK!** 頭が下がる思いで

**実例** このたびは大変お世話になり、頭が下がる思いでいっぱいです。

**POINT** 自らの失敗に対する謝罪とフォローへの感謝を伝える言い方です。言葉のとおり頭が上がらない状況でもあります。

---

### お願いしていた仕事を通してもらったとき

**NG** いつも、ありがとうございます

**OK!** 格別のご配慮を賜り
ありがとうございます

**実例** ○○銀行様には、弊社のために格別のご配慮をいただき、誠にありがとうございます。

**POINT** 特別扱いしてくれたときの感謝の言葉を日頃からマナー的に使う、ビジネスライクな感謝フレーズです。

### 変わらない付き合いに感謝するとき

 いつもありがとうございます

 ## ご厚意に感謝します

実例　○○さんには、長きにわたりお世話になっております。ご厚意に感謝します。

POINT　長い付き合いの中、何かの節目のときに使う感謝の表現です。感謝しつつ「これからもよろしく」という意味にも。

---

### アドバイスをくれた人に感謝の言葉を伝えるとき

 参考になりました

 ## 勉強になりました

実例　○○部長に同行して、話し方や視線の向け方など勉強になりました。

POINT　「参考」は上から目線の印象です。「勉強」は学ぶことができて感謝しているという印象を与えます。

---

### 営業先の上役から直々にほめられたとき

 ありがとうございます

 ## 私のような者には
## もったいないお言葉です

実例　ありがとうございます。○○様のお言葉は、私のような者にはもったいないお言葉です。

POINT　目上の人に「恐れ多い」というニュアンスで感謝を伝えるときに使うフレーズです。あまりオーバーにならないように。

### 先輩に仕事を教えてもらったとき

**NG** ありがとうございます

**OK!** 勉強させていただきました

**実例** ○○先輩、今回は勉強させていただきました。ありがとうございます。

**POINT** とくに目上の人を立てる言い方です。敬意を込めて伝えれば、関係性の強化や改善につながるでしょう。

---

### ミスを指摘されたとき

**NG** すみません

**OK!** ご親切に注意していただき、本当にありがとうございます

**実例** わざわざご親切に注意していただき、ありがとうございます。気をつけてまいります。

**POINT** 謝罪はもちろん、それだけでなく相手に感謝し、反省の弁まで言えればいいでしょう。

---

### 昇格したとき

**NG** 評価いただきまして、ありがとうございます

**OK!** 皆様に支えていただいたおかげです

**実例** 皆様に支えていただいたおかげです。誠にありがとうございます。

**POINT** 自分の実力もさることながら、周囲の協力があって昇格の話をもらったと、周囲に感謝する言動をとりたいもの。

**頼りになる上司に気持ちを伝えたいとき**

 ○○さんについていきますよ〜！

 ## ○○さんは頼りになるって、みんなで言ってたんですよ

(実例) ○○先輩は頼りになるって、みんなで言ってたんですよ。

(POINT) あえて「周囲からの評価」を伝えることで、相手をほめる言い方です。直接ほめられるよりも相手の印象に残ります。

---

**異動に際し、激励の言葉をいただいたとき**

 ありがとうございます

 ## 心に刻んでおきます

(実例) 先日は激励をいただき、ありがとうございました。心に刻んで次の任地に向かいます。

(POINT) 「励ましの言葉を深く心に留めておきます」という感謝の気持ちを表現。激励してくれた目上の人に対して使う表現。

---

**取引先と長期にわたる仕事を終えたとき**

 長い間ありがとうございました

 ## ご厚志を賜り、ありがとうございました

(実例) これほど長い間、ご厚志を賜りありがとうございました。

(POINT) 「深い思いやり」という意味の表現で、使う機会は少ない言葉でしょう。そのぶん、ここぞというときに使うと効果的。

## プロジェクトをやり遂げたとき

**NG** お疲れさまでした

**OK!** お力添えいただき、
ありがとうございました

**実例** △△の件、○○さんにはお力添えいただき、ありがとうございました。

**POINT** 人に手伝ってもらったり、アドバイスをもらっていた場合に使える感謝の言い回しです。

---

## おいしいと評判のお土産をもらったとき

**NG** おいしそうですね

**OK!** 舌が肥えていらっしゃいますね

**実例** おいしいと評判のお菓子ではありませんか！　さすが○○さん、舌が肥えていらっしゃいますね。

**POINT** 「おいしいお菓子ですね」を「いろいろなおいしいものをご存じですね」と相手を持ち上げて言う表現です。

---

## ごちそうしていただいたとき

**NG** お金を出していただいて、すみません

**OK!** ごちそうさまでした。
とてもおいしかったです

**実例** ○○さん、ごちそうさまでした。とてもおいしかったです！

**POINT** 会計のことは気にしないそぶりで、とにかく素直に「ごちそうさまです」と言いましょう。笑顔も忘れずに。

### 心を込めてお礼を言うとき

 ありがとうございます

 **心から感謝します**

**実例** △△の件ではありがとうございました。ご尽力いただいた○○様には心から感謝いたします。

**POINT** より深い感謝の気持ちを伝えたいときに「心から」を添えることで、真心のこもった感謝の言い方になります。

### ミスを許してくれたとき

 ミスしてしまい、申し訳ありませんでした

 **同じミスは二度としないよう、精いっぱい頑張ります**

**実例** ○○様の広いお心に救われました。同じミスは二度としないよう精いっぱい頑張ります。

**POINT** 相手がミスを許してくれた場合は、相手の寛大さに感謝の気持ちを示し、言葉だけではなく行動で誠意を伝えましょう。

### 成長したことをほめられたとき

 とんでもないことです

 **もったいないお言葉です**

**実例** 社長から直々におほめの言葉をいただき、ありがとうございます。私にはもったいないお言葉です。

**POINT** 成長をほめられたときは、「恐れ多い」という謙虚な気持ちを表現し、感謝の気持ちを伝えるようにします。

### 病欠の連絡時に気遣ってくれた上司に感謝を伝えるとき

**NG** すみません。ありがとうございます

**OK!** ## お気遣いありがとうございます

**実例** お気遣いありがとうございます。早く治しますので、よろしくお願いいたします。

**POINT** 自分のことをいたわってくれる相手の気遣いに感謝し、申し訳なさを示す表現です。

---

### お礼を言われたとき①

**NG** いえいえ、私なんかでよければ

**OK!** ## お役に立てて光栄です

**実例** ○○さんのお役に立てて光栄です。

**POINT** 「私なんかで」と謙遜するよりも、相手が自分に依頼してくれたことを素直に感謝しましょう。

---

### お礼を言われたとき②

**NG** そんなことないですよ

**OK!** ## そう言っていただけると、うれしいです

**実例** ○○さんみたいなできる人に、そうおっしゃっていただけるとうれしいです。

**POINT** 相手からの賞賛の言葉は素直に受け取りましょう。「励みになります」という言葉もおすすめです。

### 対応の早さに感謝するとき

**NG** ありがとうございます

**OK!** いつも早めにお送りくださり、
本当に助かります。

実例 ○○様、いつも早めにお送りくださり、本当に助かっています。ありがとうございます。

POINT 頻繁にやり取りする仕事相手には、時々このような一言を添えて、感謝を伝えましょう。

---

### 情報を教えてもらったとき

**NG** 先日はありがとうございました

**OK!** 先日、教えていただいた△△料理のお店に行ってきました。××が絶品でした!

実例 ○○様に教えていただいたタイ料理のお店に行ってきました。グリーンカレーが激辛で絶品でしたよ!

POINT お店や情報を教えていただいた場合は必ずお礼をしましょう。感想を添えると気持ちが伝わります。

---

### 手土産をいただいたとき

**NG** わざわざ、ありがとうございます

**OK!** みんなに大好評で、
あっという間になくなってしまいました

実例 ○○様よりいただいたクッキー、部署内のメンバーに大好評で、あっという間になくなってしまいました。

POINT 手土産をいただいたときは、まずお礼、そして食べた感想と様子などを伝えると上辺だけのお礼になりません。

第2章 感謝が伝わる「お礼」言葉

ずるい言い方に＋α 2

# お礼の気持ちは、お返しをしたくなる気持ちの表れ？ 悪意のお返しも!?

　お土産やプレゼントをいただいたり、人から何か施しをしてもらうと、相手に悪いなという罪悪感が生まれ、お礼やお返しをしたい気持ちになります。これを心理学では「返報性の原理」と言っています。お礼として「ありがとうございます」や他の言い換えといった言葉のお礼を第2章では紹介しましたが、言葉だけでなく、返礼品といった何かプレゼントを贈りたくなることはあるでしょう。ただ、お返しができないほどのものを与えられてしまうと、人はその相手に憤りを感じてしまうそうです。そのような心苦しさを「心理的負債」と言います。また、誰かから好意を持たれると、その人に対して好意を持つ「好意の返報性」、誰かに悪意を持たれたら悪意を持ってしまう「悪意の返報性」などもあるそうです。

## 第3章

相手をうれしくさせる
「ほめ」言葉

### 相手のことをほめるとき

**NG** ◯◯さん、すごいです

**OK!** ◯◯さんだから成し遂げられた仕事ですね

**実例** ◯◯さんだから成し遂げられた仕事ですね。私なら失敗していましたよ。

**POINT** 「〜だから」は、相手を立てる言い回しになります。「〜だからこそ」はより相手を尊重する言葉です。

---

### 性格をほめるとき

**NG** さっぱりした方ですね

**OK!** 竹を割ったような性格ですね

**実例** 営業部の◯◯さんは、竹を割ったような気持ちのいい人だと評判です。

**POINT** 竹が一直線に割れることから、気性がまっすぐでさっぱりした性格を言うほめ言葉です。

---

### とにかくほめるとき

**NG** すごいです

**OK!** 素敵です

**実例** 今日の◯◯さんは、本当に素敵です。

**POINT** ほめるときに使う言葉の定番。ただし、過度に使うと軽薄な印象になるため、相手と使い方に注意しましょう。

### 変でもほめるとき

 なかなかいいですね

 **個性的ですね**

(実例) ○○さんのファッション、個性的ですよね。

(POINT) ほめるところがない、それでもほめなくてはいけない困ったときに使えるのが「個性的」という表現です。

---

### 丁寧なことをほめるとき

 ○○さんの仕事は丁寧ですね

 **○○さんの会議資料は、わかりやすいですね**

(実例) ○○さんが作ったプレゼンの資料は、項目が丁寧に立ててあって、読みやすいですね。

(POINT) より部分的なところを「〜しやすい」を使って表現すると具体性が出てほめているポイントが伝わりやすくなります。

---

### 準備をほめるとき

 しっかり準備できてますね

 **段取り上手ですね**

(実例) ○○さんは段取り上手ですね。会議やプレゼンがスムーズに進みます。

(POINT) 「段取り上手」というフレーズは、仕事の進行や準備も含め、その仕事を任せられる人だと太鼓判を押すほめフレーズ。

### 知識が豊富なことをほめるとき①

**NG** 詳しいですね

**OK!** ○○さんの博識にはかないませんね

**実例** ○○市況のことを語らせたら、○○さんにはかないませんね。

**POINT** 知識が広い意味の「博識」は、ただ「詳しい」より広範囲の知識を有しているイメージで、ほめ言葉に使えます。

---

### 知識が豊富なことをほめるとき②

**NG** ○○さん、本当に詳しいですね

**OK!** ○○さん、深いですね

**実例** △△駅の歴史について、○○さん、深いですね。

**POINT** この「深い」は、よく調べないとわからないような事柄まで知っていると思った人に対して使います。

---

### 知識が豊富なことをほめるとき③

**NG** ○○のこと詳しいですね

**OK!** ○○については造詣が深いですね

**実例** クラシック音楽に造詣が深い○○さんにお話を伺いたいと思っています。

**POINT** ある分野においてとくに詳しい人をほめるときに「造詣が深い」という言葉を使います。

### 着眼点をほめるとき①

**NG** よく気づきましたね

**OK!** 目の付け所が違いますね

**実例** そのグラフの○○を注目されたのですね。さすが、目の付け所が違いますね。

**POINT** どこに目を付けるかで、その人の知識や経験、考えが表に出るものです。「この人、わかっているな」と思わせる一言。

---

### 着眼点をほめるとき②

**NG** よくよさがわかりましたね

**OK!** さすが、お目が高いですね

**実例** その茶碗を選ばれるとは、さすが、お目が高いですね。

**POINT** 眼力の確かさや鋭さをほめるときの定番フレーズです。「見る目がありますね」よりも上級のほめ言葉です。

---

### 会話が盛り上がらない相手のとき

**NG** よく聞いてくれますね

**OK!** 聞き上手ですね

**実例** ○○さんは、聞き上手ですね。私ばかり話してしまって、あっという間に時間が経ってしまいました。

**POINT** 会話が盛り上がらないときに活用できるフレーズですが、会話が盛り上がったときにも使える言葉です。

### 相手の気遣いを感じたとき①

**NG** 気が利くね

**OK!** 気配り上手だね

**実例** ここまで気が回るとは、本当に〇〇さんは気配り上手だね。

**POINT** 部下や年下に対しては「気が利くね」だけより「〜上手だね」とつけると年長者から見た感想に説得力が増します。

---

### 相手の気遣いを感じたとき②

**NG** 気が利きますね

**OK!** 細かいご配慮に敬服します

**実例** 御社の細かい配慮に感心いたします。

**POINT** ぬかりない気遣いの「配慮」に感銘を受けたときに、「敬服」といったほめ言葉を使います。

---

### 前向きに仕事している人をほめるとき

**NG** 〇〇さんは前向きですね

**OK!** 〇〇さんに刺激を受けますよ

**実例** 〇〇さんの仕事ぶりは、こちらも刺激を受けますよ。

**POINT** 前向きな姿勢を見て「刺激を受けて」前向きに取り組むようになったと伝えると、相手は誇らしく思います。

### 上司の仕事ぶりをほめるとき

**NG** すごいですね

## 勉強になります

**実例** ○○さんの仕事に対する姿勢や的確な指示の仕方など、勉強になります。

**POINT** 目上の仕事の仕方などを見て、それを学ぼうとする姿勢を伝えると、目上の人は誇らしく思います。

---

### 同僚、部下の仕事ぶりをほめるとき①

**NG** よくできましたね

## 仕事に抜かりがないね

**実例** 一つひとつが丁寧で、仕事に抜かりがないですね。

**POINT** 段取りよく、ミスがないときに使える表現。相手を評価しているという意味を表すフレーズです。

---

### 同僚、部下の仕事ぶりをほめるとき②

**NG** ミスなくできたね

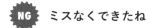
## 手際がいいですね

**実例** ○○さんは、手際がいいですね。あっという間に△△が終わりました。

**POINT** 上司や目上の人が部下や後輩に用いるほめ言葉です。「彼は手際がいい」など、人を評価するときに使う表現です。

第3章 相手をうれしくさせる「ほめ」言葉

### 上司や先輩がよい結果を出したとき①

**NG** すごいですね

**OK!** 感服いたしました

**実例** 部長のプレゼン、素晴らしかったです。感服いたしました。

**POINT** 目上の人に対して「すごい」は、少し軽い表現になってしまいます。より称えたいときに「感服」を使いましょう。

---

### 上司や先輩がよい結果を出したとき②

**NG** 〇〇さんはちょっと違いますよね

**OK!** 〇〇さんの格の違いを
思い知らされました

**実例** 先輩の用意周到さには驚きました。ここまでできるのですね。格の違いを思い知らされました。

**POINT** 仕事の結果等を上記のように伝えると相手は喜ぶでしょう。相手がその筋で評価されている場合に使いたい言葉です。

---

### 目上の人の仕事ぶりをほめるとき

**NG** いつもよい仕事してますね

**OK!** よい仕事をされていて、刺激を受けます

**実例** 〇〇さんはいつもよい仕事をされていて、刺激を受けています。

**POINT** 上記の言い方をすると、上司や先輩に違和感なく受けとってもらえ、尊敬して慕っている気持ちが伝わるはずです。

<u>相手をほめるとき①</u>

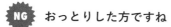 おっとりした方ですね

### OK! 物腰が柔らかな方ですね

**実例** ○○さんは、物腰が柔らかくて素敵な女性ですね。

**POINT** 丁寧な仕草や態度で接してもらえたときにこのフレーズを伝えるとよいでしょう。

---

<u>相手をほめるとき②</u>

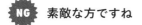 素敵な方ですね

### OK! 品のある方ですね

**実例** ○○さんは、いつお会いしても品のある方ですね。

**POINT** 目上の人をほめるフレーズです。「センスがいい」にも通じる言葉でしょう。

---

<u>相手をほめるとき③</u>

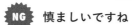 慎ましいですね

### OK! 奥ゆかしい方ですね

**実例** なんて奥ゆかしい女性なのでしょう。ぜひ、またお会いしたいです。

**POINT** 元は「奥行かし」という、奥に潜むものに強く心惹かれることを指した言葉です。控えめで上品な様子を表します。

### 男性の人柄をほめるとき

**NG** いい人ですね

**OK!** 好感がもてる方ですね

（実例）彼の態度はいつも心配りがされていて、好感がもてますね。

（POINT）「いい人」では「ただのいい人」という普通より少し上、または無難すぎるニュアンスに聞こえてしまいます。

---

### 男性の振る舞いをほめるとき

**NG** 素敵ですね

**OK!** 紳士的ですね

（実例）○○さんの行いは、とても紳士的ですよね。

（POINT）「紳士的」とはいわゆる紳士で、上品かつ礼儀正しいことです。言動が紳士らしく立派なことを表します。

---

### 同年代や年下の男性をほめるとき

**NG** いい奴だな

**OK!** 気持ちのいい人だな

（実例）あいつはいつも一緒にいて気持ちのいい人だ。

（POINT）同年代の男性に自然に「いい奴」と思わせるフレーズです。性格もいいというニュアンスも含めることができます。

### 第三者をほめるとき

**NG** ○○さんはいい人ですよ

**OK!** ○○さんはよくできた方ですね

（実例）○○さんは経験も豊かで、よくできた方だと話題に上るんです。

（POINT）その場にいない人をほめる場合、上から目線な言葉にならないように注意しましょう。

---

### 洋服や持ち物をほめるとき

**NG** それいいですね

**OK!** よくお似合いですね

（実例）そのお召しもの、よくお似合いですね。

（POINT）洋服や持ち物だけをほめると、物だけをほめる感じになります。「似合っている」と言えば、すべてをほめる印象です。

---

### 部下や年下をほめるとき

**NG** よくやっている

**OK!** 頼もしいね

（実例）ここまで成果を上げられる○○君のような部下は、本当に頼もしいよ。

（POINT）「頼もしい」は信頼感や仕事を任せられるという気持ちが表れるので、より心から出た言葉に聞こえます。

第3章　相手をうれしくさせる「ほめ」言葉

## 同僚や部下の仕事ぶりをほめるとき

**NG** よくやったね

**OK!** この仕上がりは◯◯さんならではだね

**実例** この曲線の仕上がりは◯◯さんならではだね。さすがです。

**POINT** 誰にもできない、あなただけにしかこれはできないという意味を表現する「ならでは」というフレーズです。

---

## 相手が好調なとき

**NG** いい結果が続いてますね

**OK!** 大変なご活躍ですね

**実例** ◯◯さん、また契約が成立したんですか。大変ご活躍されていますね。

**POINT** 結果を出している人を持ち上げるときに使えるフレーズです。人以外に会社や部署を持ち上げるときにも使えます。

---

## きちんとした様をほめるとき

**NG** ごまかしがなくて好感がもてるよ

**OK!** 外連味がなくて好感がもてます

**実例** ◯◯さんの企画は地味に見えますが、外連味がなく実現性が高いですね。

**POINT** 「外連」とは、歌舞伎用語で奇抜な演出という意味です。「外連味がない」は、まっとうで誠実な様をほめる言葉。

<u>ほめられたとき</u>

**NG** そんなことないですよ

 ほめ上手ですね

(実例) ○○さんはほめ上手ですね。またほめられるように頑張ります。

(POINT) 行為をほめられた場合の典型例です。ほめてくれた行為をそのままほめ返して、相手を持ち上げましょう。

---

<u>上司にほめられたとき</u>

**NG** ありがとうございます

**OK!** ○○さんのご指示があったからこそです

(実例) 部長のご指示があったからこそ成立できました。またご指導ください。

(POINT) 「上司の指示があったからできた」と相手を持ち上げます。ほめられたら、すぐ、このように返すことがポイントです。

---

<u>ミスや急な変更に動じない人をほめるとき</u>

 柔軟に対応しましたね

 対応できる柔軟性がうらやましいですね

(実例) あの状況を無難に切り抜けるなんて、その柔軟性がうらやましいです。

(POINT) 「うらやましい」は、自分もそうなりたいという願望が含まれます。基本的に相手を持ち上げた表現になります。

### 仕事をほめてもらったとき

**NG** 恐縮です。ありがとうございます

**OK!** ## 誰よりも役立ちたいと思います

**実例** 誰よりも皆様のお役に立ちたいと思い頑張ってまいりました。

**POINT** 「誰よりも」には「私が一番」というニュアンスが含まれます。ほめてもらった相手へのお礼として表現できます。

---

### 人柄をほめてもらったとき

**NG** いえいえ、ありがとうございます

**OK!** ## 未熟者の私をおほめいただき

**実例** 未熟者の私のことをおほめいただき、お恥ずかしいかぎりです。ありがとうございます。

**POINT** 人柄など個人のことをほめられ謙遜するときは、自分を「未熟者」と低く表現しましょう。

---

### 人前でほめられたとき

**NG** いえいえ、そんなことないです

**OK!** ## もったいないお言葉です

**実例** ほめていただけるなんて、そんなもったいないお言葉をいただき、恐縮しております。

**POINT** とくに目上の相手にほめられたときに使います。人前でほめられた場合の定番フレーズです。

### センスをほめたいとき

**NG** いいですね

**OK!** お似合いですね

(実例) その赤いバッグ、とてもお似合いですね。

(POINT) 具体的なほめ言葉が浮かばないときに使える「お似合い」という便利なフレーズです。

---

### 持ち物をほめたいとき

**NG** そのペン、いいですね

**OK!** そのペン、書きやすそうですね

(実例) ○○さんが使っているボールペン、とても書きやすそうですね。

(POINT) 人の容姿などより、使っている物は言い間違えの少ないほめポイントです。使い勝手をほめましょう。

---

### ほめ言葉に迷ったとき

**NG** …それ…いいですね

**OK!** ○○も素晴らしいですね

(実例) ○○さんのその考え方もいいですね。

(POINT) 「も」を使うと「いい」「素敵」といったシンプルなほめ言葉が引き立ちます。

第3章 相手をうれしくさせる「ほめ」言葉

**ずるい言い方に＋α 3**

# 直接より間接的にほめられるほうがよりうれしく、好印象になる人の心理

　ほめられるとうれしいものです。「ほめ言葉」「ほめる言い方」を第3章では紹介しましたが、人は直接ほめられることはもちろん、間接的に第三者からほめられると、ほめてくれた相手により好印象を抱くそうです。この心理を「ウィンザー効果」と言います。第三者からもたらされる情報は、不特定多数がすでに聞き知っている情報だと感じ、信ぴょう性・信頼性が高まるのです。

　口コミや多数のレビューを信じたり、それによって紹介されている商品を買う行動は、ウィンザー効果によるものといわれます。

　人間関係、とくに恋愛において「〇〇くんが、△△さんのこと好きだって〜」と噂話的に自分への好意を聞くと、相手を急に意識したりしてしまうのもウィンザー効果の心理現象です。

# 第４章

## 許してくれやすい 「謝罪」言葉

### 深く反省していることを伝えるとき

**NG** 申し訳ありません

**OK!** 慚愧に堪えません
（ざんき）

**実例** このような騒動を起こしてしまい、慚愧に堪えません。

**POINT** 「慚愧」は自分の行いを反省し、恥ずかしく思うこと。過ちを反省し、恥じているという気持ちを伝えることができます。

---

### 深く謝り、許しを請いたいとき

**NG** 本当にすいません

**OK!** 平にご容赦願います
（ひら）

**実例** ○○の件、事態の収拾に手間取ってしまいました。平にご容赦願います。

**POINT** 「平に」で頭を下げる気持ち、平身低頭していることを伝えます。強い謝意を表現する言い回しです。

---

### 言い訳もできない、完全に自分のミスのとき

**NG** すべて私が悪いです

**OK!** 弁解の余地もございません

**実例** 完全に私のミスです。一切、弁解の余地もございません。

**POINT** 「弁解の余地もない」は「自分を強く責めるほど反省している」という切迫感を伴った反省の気持ちを伝えられます。

### 自分の失敗を認めるとき

NG 恥ずかしいです

## OK! お恥ずかしい限りです

実例 このようなミスを犯してしまい、本当にお恥ずかしい限りです。

POINT 初歩的なミスや勘違いで犯した失敗のお詫びに使う表現です。反省している様子も伝わる言い回しです。

---

### 謝罪の意思を示すとき

NG 謝ります

## OK! 謹んで陳謝いたします

実例 関係各位に多大な迷惑をかけてしまったことに謹んで陳謝いたします。

POINT 関係者に対して、改めて謝罪をするときに使うフレーズです。謝罪文など文章表現でも使用する言葉です。

---

### 不手際を詫びるとき

NG ちゃんとしたのに

## OK! 不行き届きで

実例 私の連絡不行き届きで、お手数をおかけして誠に申し訳ありません。

POINT 配慮に欠けた対応をして申し訳ないという自分の過失を認めた上で、ストレートに謝罪の気持ちを伝えましょう。

第4章 許してくれやすい「謝罪」言葉

## 力不足を認めて詫びるとき

**NG** 気づきませんでした

**OK!** 考えが及びませんでした

実例 このような事態になるとは、私の考えが及びませんでした。申し訳ございません。

POINT 「気づきませんでした」では言い訳のように聞こえる可能性もあります。自分の力不足を認め、至らなさを詫びましょう。

---

## 丁寧に謝罪するとき

**NG** すいません、申し訳ありませんでした

**OK!** 誠に申し訳ございませんでした。心からお詫び申し上げます

実例 このたびの不祥事、誠に申し訳ございませんでした。心からお詫び申し上げます。

POINT 重大な過失を詫びるときは言葉に深みをつける意味で「誠に」「心から」、そして「申し上げる」という言葉をつけます。

---

## 反省の気持ちを伝えたいとき

**NG** 私が悪かったです

**OK!** 肝に銘じます

実例 二度とこのようなことを起こさないよう、肝に銘じます。

POINT 謝罪と同時に反省の気持ちも表せるフレーズです。「失敗を忘れない」という姿勢も伝えられる言い回しです。

### 事情を説明し詫びるとき

**NG** ○○ですいません

**OK!** 深く陳謝します

(実例) このたびの不祥事、深く陳謝します。

(POINT) 陳謝だけでも申し訳ない気持ちを表しますが、さらに「深く」謝罪する気持ちを表すフレーズです。

---

### 取引先に直接謝罪に行きたいとき

**NG** 謝罪に伺います

**OK!** 上司と一緒に伺いますので

(実例) 大変申し訳ございません。上司と一緒に説明に伺いますので、お時間をいただけないでしょうか?

(POINT) 「上司と一緒に」という言葉を伝えることで「会社として重く受け止め、きちんと対応する」という意思が伝わります。

---

### ミスの原因がわからないとき

**NG** 確認してみます

**OK!** 早急に原因を究明いたします

(実例) このたびの○○の件、早急に原因を究明いたしますので、今しばらくお待ちください。

(POINT) ミスの原因を明らかにすることは、お詫びの一環になり得ます。必要なときはミスの真相究明をしましょう。

第4章 許してくれやすい「謝罪」言葉

## 後日改めて謝罪するとき

**NG** この前はすいませんでした

**OK!** 先日は不手際で申し訳ございません

**実例** 先日は私の不手際で、ご迷惑をおかけしました。

**POINT** 時間が経ったからといって、軽く謝罪するのではなく、丁寧にこちらの非を認めて、謝ることが大切です。

---

## 不都合を謝罪するとき

**NG** 自分のせいです

**OK!** 不徳の致すところです

**実例** ○○社との取引が成立しなかったのは、私の不徳の致すところです。

**POINT** 自分の力不足を素直に認めるフレーズです。言われた相手は、寛大な気持ちになり、許してくれやすい言葉です。

---

## 重大な過ちを犯し、全面的に非を認めるとき①

**NG** 本当に申し訳ありません

**OK!** お詫びの言葉もございません

**実例** このような事態になってしまい、お詫びの言葉もございません。

**POINT** 「あまりに申し訳ない気持ちが強すぎて、言葉では表現できない」という意味で使うフレーズです。

### 重大な過ちを犯し、全面的に非を認めるとき②

**NG** 大変申し訳ございません

## OK! 申し開きのできないことでございます

**実例** このたびの件はまったく申し開きのできないことでございます。

**POINT** 潔さが伝わるので、相手はこれ以上責めにくくなる言い回しです。この言葉の後に過ちに至った経緯を説明します。

---

### 不可抗力でのミスを報告し、謝罪するとき

**NG** 私のせいではなく

## OK! やむなくこのような状況に至った次第です

**実例** 申し訳ございません。やむなく遅配の状況に至った次第です。次回に名誉挽回の機会をいただけないでしょうか。

**POINT** 「意図せず」または「仕方なく」ミスになってしまったと謝るフレーズです。言い過ぎると言い訳のようになるので注意。

---

### 顧客からの細かい指摘に対して謝罪するとき

**NG** すみません

## OK! ご指摘のとおりでございます

**実例** ○○様のご指摘のとおりでございます。こちらの不手際です。申し訳ございません。

**POINT** 「○○様のおっしゃるとおりです」と相手の指摘を受け止め、こちらの非を認めていることを伝える表現です。

第4章 許してくれやすい「謝罪」言葉

### 顧客からのクレームに謝罪するとき

**NG** 何とも申し訳ありません

**OK!** ご親切にご注意いただきまして

**実例** ご親切にご注意いただきまして感謝いたします。今後はこのようなことのないよう注意いたします。

**POINT** クレームは、こちらの知らない情報を提供してくれたありがたい行為だととらえ、「感謝」とともに謝罪しましょう。

---

### ミスに気づかなかったとき

**NG** わかりませんでした

**OK!** ご指摘がなければ、
気づきませんでした

**実例** このようなミスは、ご指摘いただかなければ、気づきませんでした。今後の糧といたします。

**POINT** ミスを指摘してもらったことを貴重な機会と受け取り、気づかせてくれたお礼とともに謝罪しましょう。

---

### 恥ずかしい失敗をしたとき

**NG** 自分でもわかりません

**OK!** 合わせる顔がありません

**実例** このようなミスをしてご迷惑をおかけし、合わせる顔がありません。

**POINT** 「顔を見ることもできないくらい恥ずかしい、それほど反省しています」という気持ちや状況を伝えることができます。

### 目上の人に対して恥ずかしい失敗をしたとき

**NG** なかったことにして

**OK!** 顔向けできない

**実例** ○○なところをお見せしてしまい、○○様には顔向けできない状況です。

**POINT** 「謝るに謝れないような状況を理解してください」というニュアンスを含んでいる表現です。目上の人に使う言葉です。

### 自分の浅はかさを認めるとき

**NG** そこまで考えてなかったです

**OK!** 考えが及びませんで

**実例** ○○の件、そこまで考えが及びませんでした。大変申し訳ございませんでした。

**POINT** 力不足であると認めることで、相手が感情的になることを防ぐことができます。自分を下げて敬意を表す言い方です。

### 失敗をさらしてしまったとき

**NG** 失敗しちゃいました

**OK!** 失態を演じてしまいまして

**実例** このたびは失態を演じてしまい、誠に申し訳ございませんでした。

**POINT** 失敗やミスを周囲に晒してしまったときに使うフレーズです。言い訳せず反省する気持ちも伝わります。

第4章 許してくれやすい「謝罪」言葉

### 反省を示すとき

**NG** すごく反省しています

**OK!** 猛省しております

実例 先日の打ち合わせの件、猛省しております。

POINT 深く深く反省していることを相手に伝える言い回しです。反省して塞ぎこんでいるようなイメージを与えます。

---

### うっかりミスをしてしまったとき①

**NG** ついうっかりしちゃって…

**OK!** うかつにも…

実例 うかつにも社外秘まで言い及んでしまい、申し訳ございませんでした。

POINT 「うっかり」と同じ意味の「うかつ」は、失敗やミスをついやってしまったという気持ちが表現されています。

---

### うっかりミスをしてしまったとき②

**NG** うっかりしてしまって

**OK!** 注意が行き届かず

実例 注意が行き届かず、このような事態になってしまい申し訳ございません。

POINT ミスをしたらこの言い回しですぐに謝罪すると、印象のダメージを和らげることができます。

## 忘れてしまったとき

**NG** すっかり忘れてて

**OK!** 失念しておりました

（実例）○○の件、失念しておりました。申し訳ございません。

（POINT）忘れていたことを認めて素直に謝罪するときのフレーズです。このとき「忘れて」は用いないようにしましょう。

## 誤解が生じたことを謝罪するとき

**NG** それは誤解ですよ

**OK!** 心得違いがあり

（実例）心得違いがございまして、お手数をおかけし誠に申し訳ありませんでした。

（POINT）誤解は相手も含めたニュアンスに。「心得違い」は、こちらの解釈が間違っていたと伝えられるところがポイントです。

## 説明不足を謝罪するとき

**NG** ちゃんと言ったのですが

**OK!** 言葉が足りず

（実例）私の言葉が足りず、ご心配おかけしましたこと誠に申し訳ございません。

（POINT）相手に十分に伝わっていなかったことを、自分の説明不足（＝言葉が足らなかった）として謝罪する言い回しです。

第4章　許してくれやすい「謝罪」言葉

### 配慮が足りなかったことを詫びるとき

**NG** どうしてわからないの？

**OK!** 意を尽くせず

**実例** 意を尽くせず、遺憾です。

**POINT** 頑張ったものの力及ばずに申し訳ないという意味です。こちらの思いを伝え切れなかったときに使う言い回しです。

---

### 目上の方を怒らせてしまったとき

**NG** 怒らせてしまい

**OK!** ご気分を害してしまい

**実例** 先日の打ち合わせでは、ご気分を害してしまい大変失礼いたしました。

**POINT** 「怒る」と言うと、相手が怒ったその態度を指摘してしまう格好になります。謝罪では気持ちに対して謝るように。

---

### 礼を欠いてしまったとき

**NG** 失礼ですが

**OK!** 不躾ですが

**実例** 不躾な申し出で恐縮ですが、何卒、ご検討いただければ幸いです。

**POINT** 「不躾な」は、非礼や無礼なことをわかった上で……という表現になります。「恐縮」や謝罪に近い言葉を続けます。

### 段取りの悪さを詫びるとき

 バタバタしてしまって

 **お騒がせしてしまって**

(実例) 何度も電話をしてしまい、お騒がせして申し訳ありません。

(POINT) 段取りが悪いと少しパニックな状況になってしまうので、それも含めて謝る気持ちで、謝罪しましょう。

---

### 期待に応えられなかったとき

 自分には無理でした

 **自分の勉強不足がわかりました**

(実例) 今回の件で自分の勉強不足がわかりました。これからは、より慎重に進めたいと思います。

(POINT) 「勉強不足」という自分の力が足りないために期待に応えられず、その責任も自覚していると謝罪を伝えます。

---

### かしこまって詫びるとき

 （頭を下げて）お詫びします

 **謹んでお詫び申し上げます**

(実例) このたびはご迷惑をおかけしましたこと、謹んでお詫び申し上げます。

(POINT) 「謹んで」は「敬意を表して」「かしこまって」という意味があります。お願いやお悔みを述べるときにも使う言葉です。

第4章 許してくれやすい「謝罪」言葉

### ケアレスミスを上司に謝るとき

**NG** すみません

**OK!** 面目ありません

**実例** ○○の件ですが、うっかりしていました。面目ありません。

**POINT** 謝るフレーズが「すみません」だけでは丁寧さに欠けます。小さなミスでも、かしこまって反省の意を表しましょう。

---

### 部下のミスを詫びるとき

**NG** このたびはうちの部下がすみませんでした

**OK!** ご迷惑をおかけしました
私の監督不行き届きでした

**実例** 私の監督不行き届きでした。今後はこのようなことがないよう、指導に努めます。

**POINT** 上司が責任を負うように謝罪する定番フレーズです。部下のミスは自分（上司）のミスでもあると頭を下げる気持ちで。

---

### 遅刻しそうなとき①

**NG** すいません、△時には行きます

**OK!** 申し訳ございません。
△時には伺えると思います

**実例** 申し訳ございません。ただいま会社を出たところでございます。△時には伺えると思います。

**POINT** 遅れることを謝罪した後は、到着時間の目安を伝えましょう。待たせる相手への最低限のマナーです。

### 遅刻しそうなとき②

 すいません、あと△分ほどで着きます

 ## 大変申し訳ございませんが、△分ほど遅れてしまうかと思います

(実例) 申し訳ございません、最寄りの○○駅を出たところです。到着まであと△分ほどかかってしまうかと思います。

(POINT) 到着予定時間より少し遅めの時間を伝えるのも手です。また、相手の心証をさらに害さないように丁寧な言い方で。

---

### 遅刻してしまったとき

 遅れてすいません

 ## お待たせして大変申し訳ございません

(実例) ただいま到着いたしました。お待たせして大変申し訳ございませんでした。

(POINT) 遅刻は厳禁です。そのことを踏まえた上での謝罪の言葉は、余計なことは言わず、深く丁寧に謝罪するのみ。

---

### 相手の怒りを鎮めたいとき

 本当にすいません

 ## 多大なご迷惑をおかけしまして、申し訳なく思っております。

(実例) このたびは多大なご迷惑をおかけし、本当に申し訳なく思っております。

(POINT) 同じ言葉をくり返しても相手の怒りは鎮まりません。いくつか言葉のバリエーションを持っておきましょう。

第4章　許してくれやすい「謝罪」言葉

## ミスを重ねてしまったとき

**NG** 何度もすいません

**OK!** 二度と同じミスがないよう注意します

**実例** 今後は二度と起こさないよう十分に注意します。また、改善策も講じる所存です。

**POINT** これから同じミスを重ねないと「誓う」意味合いをにじませて言いましょう。

---

## 相手を責めずに詫びるとき

**NG** 不機嫌にさせてすいません

**OK!** 不愉快な思いをさせてしまい、申し訳ございません

**実例** こちらの不手際で不愉快な思いをさせてしまい、申し訳ございません。

**POINT** 「不愉快な思いをさせてしまい」という表現で、相手を思いやりながら謝罪しましょう。

---

## 言いすぎたことを詫びるとき①

**NG** 強く言ってごめんなさい

**OK!** 強い言い方になってしまいました。申し訳ありません

**実例** 申し訳ありません。今、強い言い方になってしまいました。

**POINT** 相手の様子から強く言いすぎてしまったと、謝罪の気持ちが湧いたときに使うフレーズです。

### 言いすぎたことを詫びるとき②

**NG** 言いすぎて、すいません

**OK!** # 暴言でした。申し訳ございません

（実例）先日の私の発言は暴言でした。誠に申し訳ございませんでした。

（POINT）「暴言」と置き換える言い方です。他に「不用意な発言」「軽はずみな発言」など内容や状況によって換えます。

---

### 失礼な発言をしたとき

**NG** 軽はずみな発言をしてしまい、失礼いたしました

**OK!** # 熱くなりすぎました。頭を冷やしてきます

（実例）申し訳ございません。つい感情的になってしまいました。頭を冷やしてきます。

（POINT）感情的になったことを素直に認め、「頭を冷やしてきます」と身を引けば、相手も冷静さを取り戻すでしょう。

---

### 頑張ったのに悪い事態になってしまったとき

**NG** ○○になってしまいました

**OK!** # やむなく○○に至った次第です

（実例）力を尽くしたのですが、やむなく取引は破棄に至った次第です。

（POINT）不可抗力で失敗したことを説明するときの言い回し。やむを得ない事情があったことを伝える常套句です。

第4章　許してくれやすい「謝罪」言葉

### お客様からクレームを受けたとき

**NG** すいませんでした

**OK!** ご親切にご注意いただきまして、誠にありがとうございます

**実例** ○○の件、ご親切にご注意いただきましてありがとうございます。

**POINT** クレームは親切心で言ってくる場合もあるので、面倒に思わず、感謝をにじませながらお詫びしましょう。

---

### お客様に迷惑をかけたとき

**NG** このたびはすいませんでした

**OK!** 誠に勝手ではございますが、これに懲りず今後ともお付き合いください

**実例** このたびは申し訳ございませんでした。誠に勝手ではございますが、これに懲りず今後ともお付き合いください。

**POINT** お客様や取引先にトラブル等で迷惑をかけたときに使うフレーズ。ただし、先にしっかり謝罪してから使いましょう。

---

### 相手に過失がないとき

**NG** 私のミスでした

**OK!** こちらの手違いでした

**実例** 事前に送付した資料は、こちらの手違いでした。申し訳ございません。

**POINT** 自分に非があり、相手に過失がないときに使うフレーズ。相手に責任がないことを明らかにして、謝罪する言葉です。

### 相手の怒りを少しでも抑えたいとき

**NG** 本当にすいません

**OK!** 謝ってすむ問題ではないことを重々承知しておりますが

**実例** このたびのミスは謝ってすむ問題ではないことを重々承知しておりますが、何卒、ご海容のほどお願い申し上げます。

**POINT** 大問題を起こしてもできることは謝ることのみの場合、とにかく謝罪して事を収めるときに使うフレーズです。

---

### 相手に許しを請いたいとき①

**NG** 失敗は残念でなりません

**OK!** 失敗は悔やんでも悔やみきれません

**実例** あの○○を失敗したことは、本当に悔やんでも悔やみきれません。誠に申し訳ありませんでした。

**POINT** 気をつけていれば起きなかった、またはどうにかなったという場合のときに使う謝罪フレーズです。

---

### 相手に許しを請いたいとき②

**NG** 恥ずかしい失敗で、すいません

**OK!** 消え入りたい気持ちです

**実例** あなたの高価な服の、それも○○なところを汚してしまい、もう消え入りたい気持ちです。

**POINT** 小さな声で言うと効果的なフレーズです。相手もこちらの気持ちをわかってくれるでしょう。

第4章　許してくれやすい「謝罪」言葉

### 相手に許しを請いたいとき③

**NG** 悪気はなかった

**OK!** 決して〇〇なつもりでは ありませんでした

**実例** 何気なく口にしただけで、決してあなたを非難するようなつもりで言った訳ではありません。

**POINT** 相手が勘違いや思い込みで怒りを膨らませているときなど、予想以上に怒ってしまったときに有効なフレーズです。

---

### 率直に言いたいとき

**NG** はっきり言って

**OK!** 失礼に聞こえたら申し訳ありませんが

**実例** 失礼に聞こえたら申し訳ありませんが、あなたの表現は私には理解できません。

**POINT** 「失礼に〜」とお詫びに近い前置きをしてから言うのがポイントです。前置きがあれば意見を言いやすくなります。

---

### 意図して怒らせた訳ではないとき

**NG** 私の考えではない

**OK!** 決して本意ではありませんが

**実例** 先方の意向で、決して私の本意ではありません。何卒、ご容赦ください。

**POINT** 自分が望んでいないことだと伝えることがポイントです。相手の怒りをそらしたいときに使えるフレーズです。

### 相手が勝手に怒っているとき

**NG** 少し言わせていただけますか

**OK!** 誤解があるようなので、
説明させてください

**実例** 私が伝えたかったことについて、少し誤解があるようですので、説明させてください。

**POINT** 先に謝罪してから「誤解を説明」して相手の怒りを鎮めていきましょう。弁解や言い訳のきっかけとしても使えます。

---

### 注意していたのにミスしたとき

**NG** 気をつけていたのですが

**OK!** 念には念を入れていたつもりですが

**実例** 二度と失敗しないよう念には念を入れていたつもりですが、別のところに問題が出てしまいました。

**POINT** 相手に「仕方がないかな」と思わせるフレーズです。同じミスをくり返したときは使えないため注意しましょう。

---

### 教えてもらったけどできなかったとき

**NG** 次は注意します

**OK!** 今後は間違えないように注意いたしますので、ご容赦ください

**実例** 教えていただいたのに間違えて、申し訳ありません。次は間違えないように注意しますので、ご容赦ください。

**POINT** 次に同じ間違えを犯したら信用を失ってしまうフレーズです。「ご容赦」は「お許し」とも言い換えられます。

第4章 許してくれやすい「謝罪」言葉

### 失敗を取り返したいとき

**NG** すいません、またやらせてください

**OK!** もう一度チャンスを
いただけないでしょうか

（実例）申し訳ございませんでした。この失敗は二度とくり返しません。もう一度チャンスをいただけないでしょうか。

（POINT）先にお詫びしてから前向きな言葉を発すると印象がよくなります。聞き入れてくれる人も多いでしょう。

---

### ノルマを達成できなかったとき

**NG** すいません、次は達成します

**OK!** 今回の不足分も上乗せして、
次回はカバーしてみせます

（実例）今月は達成できず申し訳ありませんでした。来月は今月の不足分をカバーしてみせます。

（POINT）相手に期待をもたせるようなフレーズ。言ったからにはさらなる努力の姿勢を見せる必要があります。

---

### 取引先の人から謝罪されたとき

**NG** わかりました

**OK!** お気になさらないでください

（実例）どうぞ、○○についてはお気になさらないでください。

（POINT）取引先の人から謝罪されたときは、寛容な気持ちで対応するとその後の仕事もスムーズに運びます。

### 知っておくべきことを知らなかったとき

**NG** それは知りませんでした

**OK!** ## 私の認識不足でした

(実例) その件については、私の認識不足で大変申し訳ございませんでした。

(POINT) 自分の知識のなさを素直に出して詫びると好感を持たれます。変なプライドを出さないようにしましょう。

---

### 相手が勘違いしていたとき

**NG** 誤解させてしまい……

**OK!** ## 私の言葉が足りませんでした

(実例) 私の言葉が足りず、勘違いさせてしまったようです。申し訳ございませんでした。

(POINT) 相手が間違っているのではなく、自分に原因があったとすれば角が立ちません。

---

### 間違いをこれからはしないと謝罪するとき

**NG** これからは気をつけます

**OK!** ## 二度と繰り返さないよう、肝に銘じてまいります。

(実例) こんな大きなミスを二度と繰り返さないよう、肝に銘じます。

(POINT) 「二度と繰り返さない」としっかり明言することで、今後の取り組みを認めてもらう言い回しです。

第4章 許してくれやすい「謝罪」言葉

> ずるい言い方に＋α 4

# ミスを犯して謝るときに口にするミスの原因は、言い訳に聞こえることも

　第4章では謝罪の言葉を紹介しました。好んで悪いことをする人はいないと思いますが、何かしらの原因で悪いことをしてしまったとしたら、それを話して相手に自分のことをわかってもらおうとする気持ちが働くでしょう。それが実は「言い訳」につながってしまうのです。謝罪のときにやってはいけないことが次にあげる4つといわれています。①言い訳、②相手を攻める、③自分を正当化、④自分の言動や行動を矮小化、だそうです。

　自分が言いたいこと（謝りたいこと）を言うのではなく、相手が聞きたい言葉を想像して使うと、相手はより謝罪の弁を聞いてくれやすくなるものです。また、罪などを償う行動（反省と改善策）を用意しておくと、相手は謝罪を受け入れやすくなるそうです。

# 第5章

## 後に引かない
## 「断り」言葉

## しつこく頼まれたとき

**NG** これ以上はやめてください

**OK!** 事情をお察しください

(実例) 事情をお察しいただけないでしょうか。

(POINT) 言い換えとして、「ご容赦願います」「ご配慮いただけますでしょうか」などがあります。

---

## 引き受けられないと断るとき

**NG** お受けしたいのは山々ですが

**OK!** 結構なお話ですが

(実例) 結構なお話ですが、今回はお受けすることができません。

(POINT) 「今回は」と合わせて使うことで、「今のタイミングでなければできる」という可能性を残した断り方です。

---

## 受けたくないとき

**NG** パスさせていただきます

**OK!** 辞退させていただきます

(実例) せっかくご提案をいただいたにもかかわらず、大変申し訳ないのですが、今回は辞退させていただきます。

(POINT) 感謝の気持ちとともに使うと、より相手への敬意も伝わる断り方です。

### 今はできないとき

**NG** 今はできません

**OK!** 今回は見送らせていただきます

**実例** 興味深いご提案ですが、今回は見送らせていただきます。

**POINT** 「見送る」で、今回はやむを得ず断ったことが伝わります。今後も良好な関係を続けたい相手に使う言い回しです。

### 何度もお願いしてくるとき

**NG** 会社の決定ですので

**OK!** 私としてもお力になりたいのですが

**実例** 私としてもお力になりたいのですが、どうしてもご要望にお応えすることができません。

**POINT** 相手の要望に耳を傾けながら、しっかりと断ることで相手を諦めさせることのできる言い方です。

### その仕事はできませんと伝えるとき

**NG** その仕事はできません

**OK!** 他のことでしたら、ぜひ…

**実例** 他のことでしたら、ぜひお引き受けさせていただきたいのですが…。

**POINT** 相手の申し出を全否定せず、柔かく断る言い方です。

第5章 後に引かない「断り」言葉

### 相手に従えないとき

**NG** 受け入れられません

**OK!** 承服いたしかねます

**実例** その決定には承服いたしかねます。

**POINT** このフレーズは伝える相手に気をつけなければなりませんが、実は不服を唱えていることも伝えられます。

---

### 難しいことを頼まれたとき

**NG** これは厳しいので

**OK!** 善処いたしますが

**実例** 善処いたしますが、ご意向に添えない場合もございます。

**POINT** 最初からできないと言うのではなく、まずは頑張ってみるという気持ちを伝えることができる言い方です。

---

### 無理な要求をされたとき

**NG** それは無理です

**OK!** ご勘弁いただけますでしょうか

**実例** これ以上の値引きは、ご勘弁いただけますでしょうか。

**POINT** 取引先や立場が上の相手からの要求は、低姿勢な言い方で断ると角が立ちません。

### これ以上相手の要望を聞けないとき

**NG** これ以上は無理です

**OK!** ご容赦いただけますでしょうか

（実例）この価格でご容赦いただけますでしょうか。

（POINT）「これ以上は〜できない」と伝えたいときに便利な表現です。

---

### 状況が許さないことを伝えたいとき

**NG** 今は無理です

**OK!** 難しい状況です

（実例）今、その案件をお引き受けするのは難しい状況です。

（POINT）「できない」ではなく「難しい」「厳しい」と言い換えることで、本来なら受けたいが事情があることも伝えられます。

---

### 手助けを断るとき

**NG** 間に合っています

**OK!** 自分の力で何とかなりそうです

（実例）お気遣いありがとうございます。自分の力で何とかなりそうです。

（POINT）結果的に手伝ってもらわなくても、相手の厚意に対して感謝の気持ちを伝えることで円滑な人間関係を築けます。

第5章 後に引かない「断り」言葉

### 先約があることを伝えるとき

**NG** 予定がありまして

**OK!** あいにく先約がございまして

**実例** あいにくですが、その日は先約がございます。

**POINT** 「あいにく」と言うことで残念に思っていることが伝わり、相手をがっかりさせません。

---

### 無理難題を持ちかけられて断るとき

**NG** 私にはできません

**OK!** お力になれません

**実例** 恐れ入りますが、その案件にはお力になれません。

**POINT** できないことを相手に言うとき、「力になれない」と伝えることで表現が柔らかくなります。

---

### やむを得ず対応できないとき①

**NG** 恐れ入りますが

**OK!** やむなくお断りさせていただきます

**実例** ご依頼につきましては、やむなくお断りさせていただきます。

**POINT** 力にはなりたいが、自分としてはどうすることもできないときの断り方です。

### やむを得ず対応できないとき②

**NG** 申し訳ありませんが

**OK!** 心ならずも

（実例）今回のご依頼は、心ならずもお断りせざるを得ません。

（POINT）本当は力になりたいことを伝えることができる言い方です。
相手からの理解も得られるでしょう。

### やんわりと断りたいとき①

**NG** お断りします

**OK!** せっかくですが、お気持ちだけ
ありがたく頂戴します

（実例）せっかくのお話ですが、お気持ちだけありがたく頂戴します。

（POINT）相手の申し出に敬意を示し、謝意を伝えた上で断る言い方です。

### やんわりと断りたいとき②

**NG** 遠慮しときます

**OK!** ご遠慮させていただきます

（実例）今回はご遠慮させていただきます。

（POINT）「遠慮」という言葉を用いることで、相手の気持ちを配慮した表現にすることができます。

### 相手の望みを叶えられないとき①

**NG** 難しいです

**OK!** 上司に掛け合ったのですが

**実例** 上司に掛け合ったのですが、どうしてもお受けできないとの回答でした。

**POINT** 上司に相談するというひと手間を加えたことで、努力した姿勢を相手に見せることができ、断りやすくなります。

---

### 相手の望みを叶えられないとき②

**NG** なんとかしたいのですが

**OK!** ご意向に応えられず

**実例** ご意向に応えられず申し訳ありません。

**POINT** 相手の気持ちをくんだ上で、それに応えることができず残念に思っていることを伝えられる断り方です。

---

### 相手の期待に応えられないとき①

**NG** 残念ながら

**OK!** お役に立てず残念です

**実例** 今回のご依頼ではお役に立てず残念です。また次の機会によろしくお願いします。

**POINT** 期待に応えられず残念に思っていることが伝わる断り方です。次回への期待感ももたせることができます。

### 相手の期待に応えられないとき②

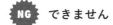

NG できません

OK! **ご希望には添いかねます**

(実例) 今回の案件に関しましては、ご希望には添いかねます。

(POINT) 「できない」ことを柔らかく伝えたいときによく使われる表現です。丁寧な印象を与えます。

---

### 相手の気持ちを受け止めた上で断るとき①

NG 悪いのですが

OK! **心苦しいのですが**

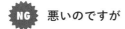

(実例) 大変心苦しいのですが、今回は他社にお願いすることになりました。

(POINT) 「心苦しい」の一言で、相手と真摯に向き合っていることが伝わります。

---

### 相手の気持ちを受け止めた上で断るとき②

NG いろいろと考えましたが

OK! **検討に検討を重ねた結果**

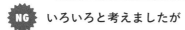

(実例) 検討に検討を重ねた結果、今回は見送らせていただくことになりました。

(POINT) しっかりと考えた上で断る言い方のため、即レス的に早く返事をするときに使うことはできません。

**直前に予定変更をお願いするとき①**

NG 急遽予定を変更していただきたいのですが

OK! **どうしても外せない用事が入ってしまいました**

実例 恐れ入りますが、どうしても外せない用事が入ってしまいました。改めてお約束をさせていただけないでしょうか。

POINT 予定を変更したい理由を伝えることで、相手に不快感を与えません。

---

**直前に予定変更をお願いするとき②**

NG あの予定をキャンセルしたいのですが

OK! **急な差し支えがありまして**

実例 急な差支えがありまして、後日改めて伺えますでしょうか。

POINT 急に別の予定が入ったことを伝えられても、納得できる言い方です。

---

**忙しくて対応できないとき**

NG 忙しいのでできません

OK! **予定が詰まっており**

実例 予定が詰まっており、残念ですが今回は遠慮させていただきます。

POINT 受けたい気持ちはあっても、致し方なく期待に応えられないときに使う断りフレーズです。

### 禁じられていることを頼まれたとき

 禁止されております

 **ご遠慮いただいております**

(実例) 恐れ入りますが、この場所での撮影はご遠慮いただいております。

(POINT) 禁じられていることを相手が行おうとしているときに、「遠慮いただいている」と伝えると表現が柔らかくなります。

---

### 目上の相手にしつこく頼まれたとき

 わかってください

 **事情をご高察賜り…**

(実例) どうか事情をご高察賜り、ご了承いただければ幸いです。

(POINT) 「ご高察」は相手のすぐれた推測を敬って使用する言葉です。他にも「ご賢察」「ご明察」と言い換えられます。

---

### 営業・勧誘がしつこいとき

 ちょっと厳しいです

 **一切お断りしております**

(実例) そのようなことは、一切お断りしております。

(POINT) 相手が営業などの場合は、興味などがなければはっきりと断ることが重要です。少し強めの言い方でもいいでしょう。

### 目上の人の誘いを断るとき

**NG** 予定が入っています

**OK!** また今度お誘いいただけると幸いです

**実例** 今回は誠に残念ですが、またお誘いいただけると幸いです。

**POINT** 目上の人から誘われたときは、ただ断るのではなく今度はぜひ行きたい気持ちを伝えましょう。

---

### 自分にはできないと辞退するとき①

**NG** 私にはできません

**OK!** 身に余る光栄ですが

**実例** 身に余る光栄ですが、辞退させていただけないでしょうか。

**POINT** 「身に余る光栄」だと感謝を伝えることで、相手に不快感を与えず断ることができます。

---

### 自分にはできないと辞退するとき②

**NG** 私には無理です

**OK!** 何分若輩者ですので

**実例** 何分若輩者ですので、今回のお話は辞退させていただきたく存じます。

**POINT** 自分には荷が重いことを伝えるための謙遜表現。「未熟者」と言い換えることもできます。

### 自分にはできないと辞退するとき③

 私には難しいです

 # 私では力不足です

実例　大変興味はございますが、私では力不足です。

POINT　自分に力がないから受けられない、とへりくだった言い方をすることで謙虚な姿勢を伝えることができます。

---

### 飲み会の誘いを断るとき

 忙しいので無理です

 # 仕事が終わらなくて

実例　どうしても仕事が終わらなくて、またお誘いいただけますか。

POINT　参加したくてもできないときは、また誘ってもらえるような言い方で断りましょう。

---

### 無理にお酒を勧められたとき

 飲めません

 # 迷惑をかけてしまうので

実例　お酒を飲むと体調が悪くなり、ご迷惑をおかけすることになるので、遠慮させていただきます。

POINT　体調が悪くなると言えば、相手も無理に勧めてくることはありません。

### 外的要因で断るとき

**NG** 野暮用がありまして

**OK!** 不本意ではございますが

（実例）不本意ではございますが、その日は伺うことができません。

（POINT）本当は受けたいが、残念ながら受けられないことを伝える常套句です。

---

### すでに予定があるとき

**NG** 予定があるので

**OK!** 外せない用事がございまして

（実例）外せない用事がございまして、今回は見送らせていただきます。

（POINT）目上の人に対して使うときは、申し出を自分の予定より低く見ていると思われる恐れがあるので注意しましょう。

---

### 今後はその仕事を引き受けたくないとき

**NG** 次からはやりません

**OK!** 今回限りでお願いします

（実例）このご依頼は、今回限りでお願いします。

（POINT）立場に注意して使う必要がありますが、今後は引き受けない意思をはっきりと伝えることができます。

### 自分の都合で辞退するとき

NG　すみませんが

**OK!　誠に勝手ではありますが**

実例　誠に勝手ではありますが、辞退させていただきます。

POINT　自分の意思で断ることをはっきりと伝えることで曖昧さがなくなり、余計なトラブルを回避できます。

---

### 金品の申し出を断りたいとき①

NG　受け取れません

**OK!　このようなお心遣いは遠慮いたします**

実例　恐れ入りますが、このようなお心遣いは遠慮いたします。

POINT　金品を受け取れない旨をきっぱりと伝える言い方ですが、相手の気分を害することはありません。

---

### 金品の申し出を断りたいとき②

NG　困ります

**OK!　お気持ちだけありがたく頂戴いたします**

実例　大変結構なお品物ですが、お気持ちだけありがたく頂戴いたします。

POINT　相手の気持ちに感謝しつつ断る言い方です。他の場面でも使いやすい便利な断りフレーズです。

第5章　後に引かない「断り」言葉

### 相手の気持ちをくんだ上で断るとき

**NG** どうしても無理です

**OK!** 他の線もあたってみたのですが

**実例** 他の線もあたってみたのですが、どうしても困難です。

**POINT** 八方手を尽くしたことを伝えることができ、要望を叶えられなくても相手から感謝される言い方です。

---

### ルール上やむを得ず断るとき

**NG** 規則ですので

**OK!** 事務的な言い方になってしまいますが

**実例** 事務的な言い方になってしまいますが、ご要望にお応えすることはできかねます。

**POINT** あらかじめ「事務的な」言い方になることを伝えておけば、断り文句が受け入れられやすくなります。

---

### 相手の提案を断るとき

**NG** お受けできません

**OK!** お受けいたしかねます

**実例** 今回ご提案いただいた企画ではお受けいたしかねます。

**POINT** 「〜いたしかねます」はビジネスの現場でよく使われる表現です。さまざまな場面で使うことができます。

### 取引先から誘われたとき

 別件がありまして

 **また今度お声がけください**

(実例) せっかくのお誘いですが、また今度お声がけいただけますと幸いです。

(POINT) 次はぜひ行きたいという気持ちをしっかりと伝えることで、今後も良好な関係を続けることができます。

---

### その場で断りにくいとき

 難しいかと思われます

 **お時間をいただけますでしょうか**

(実例) 少し考える時間をいただけますでしょうか。

(POINT) 時間をかけて考えたい旨を伝えることで、結局断ることになったとしても相手は納得しやすくなります。

---

### 答えを先延ばしにしたいとき①

 また今度決めましょう

 **改めて話し合いましょう**

(実例) 今日はここまでにして、改めて話し合いましょう。

(POINT) 答えを導き出す手段を「話し合う」ことに限定することで、お互いにそのための準備を意識できます。

### 答えを先延ばしにしたいとき②

**NG** とりあえず様子見で

**OK!** 今後の推移次第で

(実例) 今後の推移次第では、ぜひお願いさせていただきたいと思います。

(POINT) ひとまず先延ばしにしたいときは、「様子見」ではなく「推移次第」と言うことで、より説得力をもたせられます。

---

### 答えを先延ばしにしたいとき③

**NG** ひとまず置いておいて

**OK!** 結果に鑑みて

(実例) 次の展開は、今回の結果に鑑みてから検討しましょう。

(POINT) ただ先延ばしにするのではなく、「結果を踏まえた上で検討する」ことを強調できます。

---

### 自分にできる範囲を伝えたいとき

**NG** その条件ではお受けできません

**OK!** ○○ならお受けできるのですが

(実例) 来月以降の納品でよければ、お受けできるのですが…。

(POINT) 提案してきた条件を承諾できないときは、ただ断るのではなく、こちらから提案することで誠意を示すことができます。

### 相手が困っているとき

**NG** 残念ながら

**OK!** ## ご事情はお察ししますが

**実例** ご事情はお察ししますが、弊社でお受けすることはできません。

**POINT** 相手の苦しい状況に理解を示した上で断る言い方です。こちらも苦しいことを伝えましょう。

---

### チームからの仕事を断りたいとき

**NG** 私にはできないので

**OK!** ## 足手まといになっては申し訳ないので

**実例** 足手まといになっては申し訳ないので、お断りさせていただきます。

**POINT** 「自分が加わることで迷惑をかけてしまう」と、相手を思っての辞退であることを強調しましょう。

---

### 急な依頼を断りたいとき

**NG** 忙しので

**OK!** ## 手がふさがっておりまして

**実例** 今、手がふさがっておりまして対応できません。

**POINT** 急なお願いをされたときに使う言い方です。「忙しい」と言うよりも切実さが伝わり断りやすいです。

第5章 後に引かない「断り」言葉

### 急に残業を頼まれたとき

**NG** この後用事があるので無理です

**OK!** ○時までなら大丈夫です

実例　今日は約束があるのですが、○時までなら大丈夫です。

POINT　用事があることは伝えつつも、ただ断るのではなく「○時までなら」と可能な限り対応したい気持ちを伝えます。

---

### 会社の方針で断るとき

**NG** うちではやっておりません

**OK!** 会社の方針でお受けいたしかねます

実例　ご提案いただいたプロジェクトは、会社の方針でお受けいたしかねます。

POINT　その提案は誰からのものでも受けていないと伝えることで、相手の気分を害しない言い方です。

---

### 他のことなら受けられるとき

**NG** それはお受けできません

**OK!** 他のことなら
お役に立てるかもしれません

実例　この件は見送らせていただきますが、何か他のことならお役に立てるかもしれません。

POINT　ただ断るのではなく、ぜひ相手の役に立ちたいという気持ちを伝えることができる言い方です。

### 条件が合わないとき

**NG** この条件では厳しいです

**OK!** この部分を改善していただければ、ぜひ

**実例** この部分を改善していただければ、ぜひお願いさせていただきたいと思います。

**POINT** 具体的に改善してほしい箇所を伝えることで、こちら側にとってより有益な提案を受けることができます。

---

### 進行中の案件を断るとき

**NG** 今回はなかったことにしてもらえませんか？

**OK!** 白紙に戻していただけますでしょうか

**実例** このプロジェクトですが、一度白紙に戻していただけますでしょうか。

**POINT** 「白紙に戻す」と言うことで、仕切り直して考えるという意味を持たせることもできます。

---

### 付き合いを絶ちたいとき

**NG** 迷惑です

**OK!** 今後のご連絡も結構です

**実例** 今回だけでなく、今後のご連絡も結構です。

**POINT** これまでの付き合いを絶ちたいときには、角が立たないように相手に気を使いつつ「きっぱりと」断りましょう。

第5章 後に引かない「断り」言葉

### 趣味などの誘いを断りたいとき

**NG** 下手なので

**OK!** 不調法なものですから

実例 お誘いいただいて申し訳ございませんが、不調法なものですから。

POINT 「不調法」は下手で行き届いていないこと。酒席でほどよくお酒を断るときにも使える言葉です。

---

### 断るけれど感謝は伝えたいとき

**NG** お受けできません

**OK!** このたびは、ありがとうございました

実例 このたびは、お声がけいただきありがとうございました。

POINT 断ることになってしまっても、感謝の気持ちを伝えることでお互いに気持ちよく今後も仕事などができるでしょう。

---

### 断ることに対してお詫びしたいとき

**NG** 申し訳ないです

**OK!** ご要望に添えず申し訳ありません

実例 今回はご要望に添えず申し訳ありません。

POINT 断る際に一言お詫びの気持ちを伝えることで、相手も断ることに納得してくれます。

### 相手を尊重しながら断りたいとき

**NG** ○○できません

**OK!** ○○いたしかねます

(実例) そのようなご依頼は承諾いたしかねます。

(POINT) 無理な要求をされたときに、相手を尊重しながら拒否する言い方です。「できません」よりも丁寧な印象を与えます。

### 他の理由で断らざるを得ないとき

**NG** やりたいのは山々なんですが

**OK!** 願ってもない機会ですが

(実例) 願ってもない機会ですが、あいにくその日は別件がございます。

(POINT) 「願ってもない機会」と言うことで、相手からの提案を尊重しつつ、断る方向にもっていけるフレーズです。

### やっかいな依頼を断りたいとき

**NG** さすがに無理です

**OK!** 難しいお話だと思われます

(実例) こういった案件を弊社でお受けするのは、難しいお話だと思われます。

(POINT) 実現が到底不可能な依頼をしてくる相手に対しては、難しい話であることをはっきりと伝えましょう。

第5章　後に引かない「断り」言葉

### セールスを断りたいとき

**NG** お引き取りください

**OK!** 何卒、悪しからずご了承ください

**実例** 弊社では検討しておりませんので、何卒、悪しからずご了承ください。

**POINT** 断りの基本的フレーズのひとつです。飛び込み営業などを断るときに使います。

---

### 時間がないのに依頼されたとき

**NG** 今日はできません

**OK!** 今日はできませんが、○日の○時までに仕上げます

**実例** 今日はできませんが、明日の○時までに仕上げます。

**POINT** すぐにはできないことを依頼された場合は、ただ断るのではなく、具体的な代替案を示して誠意を示しましょう。

---

### ご馳走されそうになったとき

**NG** 自分で払えるので

**OK!** 次にお願いしにくくなるので

**実例** 次にお願いしにくくなるので、割り勘でお願いします。

**POINT** いつも相手にご馳走になってしまい、困っているときに使えるフレーズです。

## 誘いを感じよく断りたいとき

**NG** また今度に…

**OK!** すみません。次は
こちらからお誘いしますので

**実例** お誘いいただき、ありがとうございます。次は、こちらから
お誘いしますので、今回はすみません。

**POINT** 「こちらからお誘い」という積極的な姿勢を出すと、相手は
断りを納得してくれやすいです。

---

## サポートを断るとき

**NG** 結構です。大丈夫です

**OK!** 今回は自分の力で頑張ってみたいので、
見守っていただけると助かります

**実例** ○○先輩、ありがとうございます。ただ、今回は自分の力で
頑張ってみたいです。

**POINT** せっかくのサポートを「自分の力でやりたい」と主張するこ
とでポジティブに断れます。

---

## 忙しくてすぐ引き受けられないとき

**NG** 今は無理です

**OK!** 明日以降の対応でも
よろしいでしょうか?

**実例** 今すぐは忙しいのですが、明日以降の対応でよろしいでしょ
うか?

**POINT** すぐに突っぱねると角が立ちます。引き受けようとしつつ、
自分の都合を具体的に伝えてみましょう。

第5章 後に引かない「断り」言葉

> ずるい言い方に＋α 5

# 相手の気分を害さずに「お断り」する秀逸かつ簡単な交渉テクニック

　ビジネスシーンでよくあるのが、無理な条件での交渉事です。どう見立てても無理な場合は、その話をお断りするわけですが、このとき、むげに断ると相手が気分を害してしまう可能性があります。

　そこで使いたいのが「イエス・バット（Yes But）話法」。いったん相手の意見を肯定（Yes）してから、やんわりと「しかし（But）……」と続けて、自分の意見を主張する（断る）のです。一度は意見を肯定しているので相手が気分を害する可能性が低くなり、こちらの主張（断り）も受け入れてくれやすくなります。

　また、相手の意見を肯定した上で「それなら、こんなやり方が……」などとさりげなく別案を主張する「イエス・アンド話法」もあります。交渉を有利に進める会話・交渉テクニックです。

# 第6章

相手の心に響く
「お叱り」言葉

### 否定したいとき

**NG** それは違うと思います

**OK!** こんなふうにも考えられるのではないでしょうか？

**実例** ○○さんのおっしゃることは確かにわかります。ただ、○○のようにも考えられるのではないでしょうか？

**POINT** 頭ごなしに否定すると素直に聞いてもらえません。まずは相手の意見を肯定的に受け止めてから。

---

### やんわりと間違いを指摘したいとき

**NG** 以前に言っていたことと違いますよね？

**OK!** 念のために確認したいのですが、以前はこのようにおっしゃっていたかと

**実例** 念のために確認したいのですが、以前は、△△とおっしゃっていませんでしたか？

**POINT** 前言撤回されたりすると、つい強く指摘したくなります。そんなときは確認の質問をしてみましょう。

---

### 失礼のないように主張したいとき

**NG** ○○するのが常識でしょ？

**OK!** 私は○○だと思うけれど

**実例** 電車に乗ったら、私はマスクをするべきだと思いますよ。

**POINT** 一般的なことなどを追及する際など、主語を「世の中」から「私」に変えると意見として主張できます。

### 少し強めに促したいとき

**NG** このようにやるべき

**OK!** （私は）こうしてほしいな

**実例** どんなに急いでいても、廊下は走ると危ないので、先生（私）は、歩いてほしいです。

**POINT** 人の価値観はさまざまです。一般的にやるべきことも、主語を「私」にして話すと促しやすくなります。

---

### 人の非を伝えたいとき

**NG** 横入りしないで、ちゃんと並んでください！

**OK!** 行列の最後尾はあちらになりますよ

**実例** ○○先生のサイン待ちの行列の最後尾は、あの柱の向こうになりますよ。

**POINT** 正義感から正論を感情のまま伝えると反発されるだけになることも。正しいことを「教える」スタンスで。

---

### 口論がエスカレートしそうなとき

**NG** もう話しても無駄なので終わりにしましょう

**OK!** 貴重なご意見をありがとうございました

**実例** いろいろと貴重なご意見をありがとうございました。今後の参考にさせていただきます。

**POINT** 話がかみ合わず感情的になると時間の無駄を感じます。冷静に感謝を口にすると話が終わりやすいです。

第6章 相手の心に響く「お叱り」言葉

### 相手の主張を受け止めたいとき

**NG** そんなことありませんよ

**OK!** 確かにそのとおりです

実例 おっしゃっていることは確かにそのとおりです。ご指摘の点について説明します。

POINT 相手の発言と異なる意見を言うときは、一旦主張を受け止めると、印象を和らげることができます。

---

### 要望を伝えるとき

**NG** その方法よくないです

**OK!** このような方法もあると思いますが…

実例 そのような方法もいいと思うけれど、私が考えたこちらの方法が効果的だと思いますよ

POINT 高圧的な態度で要望を言うと反感を買ってしまいます。代案を提案するように言うと聞いてもらいやすくなります。

---

### 意見を言うとき

**NG** それはいらない

**OK!** どうして、そう思うのですか？

実例 ○○が欲しい（いる）と、どうしてそう思うのですか？

POINT 「いらない」「違う」と言うと怒る人もいます。上から目線の言葉（評価）に感じるのです。そうならない言い換えを。

### 相手に不満を感じたとき

**NG** どうして（あなたは）わかってくれないのですか？

**OK!** 私はこのように理解していただきたいのですが？

**実例** 私は、あなたに〇〇について理解してほしいのです。

**POINT** 相手を責めることなく自分の思いを伝えるには、「私」を主語にしたメッセージを発することが適切です。

---

### 反論するとき

**NG** 私は反対です

**OK!** 〇〇の点について、どのようにお考えでしょうか？

**実例** 戦争をすることについて、どのようにお考えでしょうか？

**POINT** 「反対」すると反発が起きるもの。相手の矛盾点などを疑問として投げかけると反論につながります。

---

### 約束と違うとき

**NG** 前に言っていたことと違うのですが

**OK!** お約束と違うみたいですが

**実例** お約束と違うみたいですが、一度ご確認いただけますでしょうか。

**POINT** 「約束」は人間関係において基本となるものです。重要な「約束」という言葉を出せば、相手に響くでしょう。

### 間違いがあったとき

**NG** 間違っています

**OK!** 手違いかもしれませんが

実例　何かの手違いかもしれませんが、請求書が一部抜けていたようです。ご確認いただけますか。

POINT　「ひょっとしたら違うのでは……」と気を使いながら相手の間違いを指摘する言い方です。

---

### いい加減な仕事をされたとき

**NG** これではダメです

**OK!** 適切な処置をお願いします

実例　今後、同様の案件を進められる際には、適切な処置をお願いします。

POINT　あえて丁寧な言い方にすることで、相手に責任のある仕事をするよう促すことができます。

---

### 意見を主張しすぎるとき

**NG** 強引すぎる

**OK!** 君の意見も捨てがたい

実例　君の意見も捨てがたいが、もっとみんなの意見が聞きたいな。

POINT　積極的に発言をするのは悪いことではないので、相手を否定しない言い方にしましょう。

### 気が利かないとき

**NG** どうして○○なんだ

**OK!** ○○してもらえると助かる

(実例) もう少し早めに報告してもらえると助かるなあ。

(POINT) ただ叱るのではなく、具体的にどうしてもらいたいのかを伝えることが重要です。

---

### ミスを注意したいとき

**NG** 二度とやるな

**OK!** 偉そうなことは言えないが

(実例) 私もよくミスを犯すので偉そうなことは言えないが、○○には気をつけよう。

(POINT) 「お互いに気をつけよう」というニュアンスで伝えることで、前向きな改善が期待できます。

---

### 予定より遅れているとき

**NG** 何をやっていたんだ

**OK!** 現実的な話をしよう

(実例) ○○に間に合わせるために現実的な話をしようか。

(POINT) 進捗の遅れは言い出しにくいもの。叱る前に現実的な対応策を練って取りくみ、遅れを挽回するように。

### 以前から指摘したいことがあるとき

**NG** 前々から思っていたんだが

**OK!** # ひとついいかな?

**実例** そういえば、ひとついいかな。仕事中にスマホをいじりすぎだぞ。

**POINT** 「ひとつ」と言うことで、くどくど説教をするわけではないことを伝え、手短に指摘しましょう。

----

### ソフトに注意したいとき

**NG** 間違えではありませんか

**OK!** # 私の勘違いかもしれませんけど

**実例** 私の勘違いかもしれませんけど、再度ご確認いただけませんか。

**POINT** 自分に非があるかもしれないと伝えることで、相手にプレッシャーを与えないソフトな言い方になります。

----

### 細かいことを指摘するとき

**NG** 気になったことがあるんですけど

**OK!** # 些細なことで申し訳ありませんが

**実例** 些細なことで申し訳ありませんが、給湯室は使い終わったら電気を消していただけますでしょうか。

**POINT** 些細なことでもみんなが守っているルールは指摘しないわけにはいきません。丁寧な言い方で伝えましょう。

### 相手に気づかせたいとき

**NG** お忘れではありませんか

**OK!** お気づきかもしれませんが

**実例** お気づきかもしれませんが、経費の精算は本日までとなっております。

**POINT** 相手が絶対に忘れていると思っても、切り出し方を工夫すると相手の気分を害さずに気づかせることができます。

---

### 念のために言うとき

**NG** ご存じとは思いますが

**OK!** 心配のしすぎかもしれませんが

**実例** 心配のしすぎかもしれませんが、納品は今月中となっていることを再度お伝えさせていただきます。

**POINT** わかっていて当然なことでも相手が忘れていそうなときは、角が立たない言い方で確認しましょう。

---

### クオリティに満足できないとき

**NG** これでは受け入れられません

**OK!** 納得いたしかねます

**実例** この品質では、到底納得いたしかねます。

**POINT** 相手との距離感を保つ言い方をすることで、断固として受け入れられない意思を伝えることができます。

## 言っている意味がわからないとき

**NG** 意味がわかりません

**OK!** 事の次第が判然といたしません

**実例** 事の次第が判然といたしませんので、もう一度詳しくお聞かせいただけますでしょうか。

**POINT** 同じことをもう一度言ってもらうのは気が引けますが、丁寧に聞けば相手も気を悪くしません。

---

## 結果に納得できないとき

**NG** 私の立場はどうなるんですか

**OK!** 立つ瀬がございません

**実例** この数字では、私の立つ瀬がございません。

**POINT** ビジネスでは、結果が芳しくないときははっきりと伝えましょう。くどくど言わず、短いフレーズを使うと効果的です。

---

## 急ぎで対応してほしいとき

**NG** 急ぎでお願いします

**OK!** 早急なご対応をお願いします

**実例** お忙しいところお手数をおかけしますが、早急なご対応をお願いします。

**POINT** 無理を承知でお願いしていることを伝えるために、「お忙しいところ」などワンクッション入れましょう。

### 改善されていないとき

**NG** まだ直っていません

**OK!** 一層の善処を求めます

**実例** ○○の企画書ですが、一層の善処を求めます。

**POINT** 大がかりで重要なプロジェクトなど細かいところの練り直しが頻繁に行われる仕事では、よく使われる言い方です。

---

### 残念に思うとき

**NG** 残念ですね

**OK!** 誠に遺憾です

**実例** このたびのミスは、誠に遺憾です。

**POINT** 日常ではあまり使わない表現を使うことで、残念に思っている気持ちをより強く伝えることができます。

---

### 押しつけられたとき

**NG** そちらでやってください

**OK!** ～でご対応いただくのが筋ではないでしょうか

**実例** 御社でご対応いただくのが筋ではないでしょうか。

**POINT** 「筋」という言葉を使うことで自分に理があることを示し、相手にも納得してもらえる言い方にできます。

### 誤解があったとき

**NG** 言った覚えはないのですが

## OK! 内容に齟齬(そご)があるようですが…

**実例** 内容に齟齬があるようですが、もう一度打ち合わせをお願いできますか。

**POINT** 言った言わないの議論は不毛です。共有すべき内容の共通認識を得ることが重要です。

---

### 謝罪されたとき

**NG** 次はありませんよ

## OK! 次回に期待しています

**実例** こんなミスをするなんて珍しいですね。次回に期待しています。

**POINT** 誠意をもって謝罪されたときは、前向きな一言を伝え、相手を励ましましょう。

---

### 誠実な対応を求めるとき

**NG** しっかりやってください

## OK! お立場は十分わかります

**実例** お立場は十分わかります。しかし、今回の事態は看過いたしかねます。

**POINT** 誠実さを求めるなら、相手の立場を考えた上での指摘の仕方を心がけましょう。重く受け止めてくれるはずです。

### 作業が遅いとき

**NG** 要領が悪いようですね

**OK!** 少しマイペースすぎませんか

（実例）いつまでそれをしているのですか？ 少しマイペースすぎませんか？

（POINT）仕事などは自分だけではなく周囲と連携していることを意識させ、業務のスピードアップを促す言い方に。

### 躊躇しているとき

**NG** 躊躇(ちゅうちょ)しないで

**OK!** 慎重になりすぎないで

（実例）あまり慎重になりすぎないで、どんどん進めていこう。

（POINT）慎重なことは悪いことではありませんが、ときには大胆に進めることも大事です。

### アイデアが乏しいとき

**NG** 平凡だな

**OK!** 手堅いな

（実例）いつも手堅い企画書だな。もっと冒険していいぞ。

（POINT）凡庸な内容の企画しか出せない部下などに対して有効な言い方です。やる気を引き出せます。

第6章　相手の心に響く「お叱り」言葉

### 判断が遅いとき

**NG** 優柔不断な

**OK!** 思慮深いのは

**実例** 思慮深いのは結構だが、早く決めることも大事だぞ。

**POINT** 考え込んで進まない、手が動かない部下などに使える言葉です。時間をかける必要があるのか意識させます。

---

### 自分の意見を言わないとき

**NG** 大人しいな

**OK!** 協調性があるのかな

**実例** 協調性があるのはいいが、もっと自分の意見を主張しないとな。

**POINT** 協調性は大事ですが、大人しすぎるのも考えもの。個性を認めた上で指摘しましょう。

---

### 相手に結論を出してほしいとき

**NG** それでは結論が先送りじゃないですか

**OK!** あいまいなままにするのはお互い好ましくないと思うのですが

**実例** このままではお互い好ましくありません。今結論を出していただければ○日に間に合います。

**POINT** 急かしても結論を出さないような相手には、メリットを伝えると、結論（答え）を出す方向になります。

### ダラダラしているとき

**NG** のんびりしている

**OK!** 余裕をもっている

(実例) 余裕をもって仕事をしているみたいですけど、締め切りに間に合いますか？

(POINT) 最初から否定しないことで相手も聞く耳を持ちます。お尻に火がついたようにやる気が出るかもしれません。

---

### 細かすぎるとき

**NG** 細かい

**OK!** 几帳面な

(実例) 几帳面なのはいいことだが、早く終わらせることも考えないとな。

(POINT) 丁寧に仕事に取り組むのも大事ですが、締め切りに間に合わせることはさらに重要なことです。

---

### 考えすぎてしまっているとき

**NG** 行動力がない

**OK!** じっくり考えている

(実例) じっくり考えているようだけど、そろそろ行動に移そう。

(POINT) 相手を否定することなく、「そろそろ」と言って行動を促す言い方です。タイミングを見計らって使いましょう。

第6章 相手の心に響く「お叱り」言葉

### 焦ってミスが多いとき

**NG** せっかちだな

**OK!** 頭の回転が速いな

実例　頭の回転が速いな。行動に移す前に一度チェックする癖をつけよう。

POINT　「頭の回転が速い」と言われてうれしくない人はいません。指摘も素直に聞き入れてくれるでしょう。

---

### 独りよがりなとき

**NG** 自信過剰な

**OK!** 自分の考えに自信をもっている

実例　自分の考えに自信をもっているようですが、人の意見にも耳を傾けたほうがいいでしょう。

POINT　相手のためを思って指摘していることを伝えるために、話し方にも気をつけましょう。

---

### 考えなしに行動するとき

**NG** 無鉄砲な

**OK!** 失敗を恐れない

実例　失敗を恐れないのも大事だけど、もう少し考えてから行動に移そう。

POINT　行動力があるのは悪いことではありません。ただ、猪突猛進では困ります。傷つけない程度に指摘しましょう。

### 意見がよく変わるとき

 すぐに意見を変えてしまう

## OK! 柔軟な発想をもっている

(実例) 柔軟な発想をもっているのはわかりましたが、本当にやりたいことは何でしょう?

(POINT) 「すぐに意見を変えるな」と言われると、何も言えなくなってしまいます。丁寧に聞き出すことが重要です。

---

### 人の意見に影響されやすいとき

 人の意見に左右されるな

## OK! 人の意見を尊重している

(実例) 人の意見を尊重するのもいいが、もっと自分の考えに自信をもて。

(POINT) 「左右されすぎだ」と言ってしまうと、相手はふて腐れてしまうかもしれません。優しく促すように言いましょう。

---

### 相手の行動を制したいとき①

 やめてください!

## OK! どうしたんですか?<br>○○さんらしくないですよ。

(実例) △△なことを言うなんて、○○さんらしくないですよ。

(POINT) 「やめろ!」と感情的に非難してもやめない相手には、良心に訴える言い方をすると効果的です。

第6章 相手の心に響く「お叱り」言葉

### 相手の行動を制したいとき②

**NG** ちょっとどうかと思いますよ

**OK!** # さすがに冗談が過ぎますよ

**実例** ○○さん、さすがに度（冗談）が過ぎますよ～。

**POINT** 暴言を吐いたり（お酒の席で）行き過ぎた振る舞いをしたりする相手には、認識を正して正気に戻ってもらう言葉を。

---

### 理屈が多いとき

**NG** 理屈っぽい

**OK!** # 理論的だね

**実例** 理論的なことはいいことだが、人の気持ちも考えてみよう。

**POINT** 理屈も過ぎると周囲の人との間に軋轢（あつれき）が生まれてしまいます。何事もバランスが大事と伝えましょう。

---

### マニュアル通りにしか動けないとき

**NG** 気が利かないな

**OK!** # 基本に忠実だ

**実例** 基本に忠実だな。次は状況に応じて動くことも考えていこう。

**POINT** 仕事に慣れてきた部下に次のステップへ進んでもらいたいときなどに使いましょう。

### 声が大きすぎるとき

**NG** うるさい

**OK!** 元気がいいな

実例　今日も元気がいいな。会議室まで声が聞こえたぞ。

POINT　少し嫌味な言い方になってしまいますが、うるさくて迷惑なことを遠まわしに伝えることができます。

### 仕事が遅いとき

**NG** 仕事が遅い

**OK!** 仕事が丁寧

実例　今日も丁寧に仕事しているな。もっとパパッと片づけていいんだぞ。

POINT　社会人として、「仕事が遅い」ことは致命的なことですので、なるべくオブラートに包んで伝えるようにしましょう。

### 本気で仕事をしていないとき

**NG** もっとやる気を出して

**OK!** 可能性を秘めている

実例　君は可能性を秘めているんだ。本気で取り組んだらすごいことになるぞ。

POINT　部下のモチベーションを上げるのも上司の仕事です。本気で取り組めていない理由も考えてみましょう。

## 言っていることが曖昧なとき

**NG** 訳がわからない

**OK!** 抽象的すぎる

実例 言っていることが抽象的すぎるね。もっと具体的に話してくれるかな。

POINT 「訳がわからない」と言うと、部下は萎縮してしまうかもしれません。優しく尋ねるようにしましょう。

---

## 失敗をくり返すとき①

**NG** ちゃんとやれ

**OK!** ○○さんらしくないね

実例 昨日も今日もミスが続いて、○○さんらしくないな。何か気がかりなことでもあるの？

POINT 普段ミスしない人が続けてミスしてしまうのには何か理由があるはず。話を聞く姿勢が大事です。

---

## 失敗をくり返すとき②

**NG** またミスしたのか

**OK!** どうしたら解決できるだろう

実例 なんでミスが続くのかな？ どうしたら解決できるのか、一緒に考えてみようか。

POINT なぜミスが続くのか、本人に考えさせたいときに使う言い方です。叱るだけではまたミスしてしまうでしょう。

### 失敗をくり返すとき ③

**NG** 二度と失敗しないでください

**OK!** 十分ご注意願います

（実例）○○の際には、十分ご注意願います。

（POINT）「失敗しない」ではなく「注意する」と肯定形で言うことで、相手は次回に取るべき行動を具体的に想像できます。

---

### 失敗をくり返すとき ④

**NG** なんでわからないんだ

**OK!** うるさいことを言うようだけど

（実例）うるさいことを言うようだけど、遅刻をするクセは直したほうがいいぞ。

（POINT）自分の意見を押し付けるのではなく、相手のためを思って注意していることが伝わる言い方です。

---

### 耳の痛い話を切り出すとき

**NG** 気をつけなさい

**OK!** 言われたくないかもしれないけれど

（実例）言われたくないかもしれないが、服装はちゃんとしたほうがいいぞ。

（POINT）相手にとって「言われたくないこと」を言うことで「言いづらい」ことが伝わり、相手も素直に聞き入れるでしょう。

第6章　相手の心に響く「お叱り」言葉

### 話が矛盾しているとき

 この間と言っていることが違うんじゃないですか？

## OK! 話を整理しよう

実例　一度条件を整理しようか。

POINT　ただ叱るだけでは話が前に進みません。建設的な議論を促し、時間を無駄にしないことが重要です。

---

### 共感を示しつつ指摘したいとき

 考えはわかるよ

## OK! ○○さんだから言うけど

実例　○○さんだから言うけど、△△様にわかってもらおうとしても無駄かもしれない。

POINT　「○○さんだから」と言うことで、特別にその人のことを考えていることが伝わり、素直に聞き入れてくれます。

---

### もう仕事を頼みたくないとき

 今後はお断りします

## OK! 今後の推移次第では

実例　今後の推移次第では、御社との取引を見直させていただきます。

POINT　今後の仕事をきちんと行ってもらうために、相手に緊張感を与える言い方をしましょう。

### 話が長いとき

 話が長いのですが

 ## 手短にお願いできますか

(実例) 恐れ入りますが、手短にお話しいただけますでしょうか。

(POINT) 「手短に」と伝えることで、要点だけを伝えるよう促すことになります。話の内容も理解しやすくなるでしょう。

---

### 進捗状況が遅れているとき

 急ぎでお願いします

 ## お忙しいことは重々承知の上で

(実例) お忙しいことは重々承知の上で、○○をお願いできますでしょうか。

(POINT) 相手の立場を理解していることを示す言い方です。一度気持ちを受け止めるのがコツです。

---

### 注意してもらいたいとき

 ○○しないでください

 ## ○○に気をつけるとよくなります

(実例) 相手の目を見て話すように気をつけると、もっと好印象ですよ。

(POINT) 相手の成長を促すことのできる言い方です。具体的にどうすればいいのか伝えましょう。

第6章 相手の心に響く「お叱り」言葉

### 注意を切り出すとき

**NG** ちょっといいですか

**OK!** 今、お時間よろしいでしょうか

実例　お疲れ様です。今、少しお時間よろしいでしょうか。

POINT　話を切り出すときにはそのタイミングも重要です。相手の都合を尋ねる気遣いを示しましょう。

---

### 余計なことかもしれないとき

**NG** 老婆心ながら

**OK!** 差し出がましいとは思いますが

実例　差し出がましいとは存じますが、これでは到底間に合うとは思えません。

POINT　「老婆心ながら」は目上の人が目下の人に使う言い回しです。立場をわきまえていることを最初に伝えましょう。

---

### 事情を慮りつつも注意するとき

**NG** いろいろあるのはわかりますが

**OK!** 何かご事情があるんですよね。でも…

実例　何かご事情があるんですよね。でも、仕事中に居眠りばかりしていては周りの人の信頼を失いますよ。

POINT　一度相手への理解を示すことが重要です。その上で注意すれば相手も素直に聞いてくれるでしょう。

#### 相手が忘れているとき

**NG** 忘れてませんよね

**OK!** ◯◯は本日でよろしいでしょうか

**実例** 先日お願いした企画書の訂正をいただけるのは、本日でよろしいでしょうか。

**POINT** 相手に「忘れてた」と言わせない聞き方がベターです。期日などをこちらから言うと、相手は気づきます。

---

#### 以前と言っていることが違うとき

**NG** この前と言っていることが違います

**OK!** 私の思い違いだったら申し訳ありません

**実例** 私の思い違いだったら申し訳ありません。計画書は来週末までに提出すればよいと思っていたのですが……。

**POINT** 「前と言っていることが違う」などと言ってしまうと相手は反発します。下手に出た言い回しにしましょう。

---

#### 間違いに気づかせたいとき

**NG** それ、おかしくありませんか

**OK!** このようにしてはいかがでしょうか

**実例** ◯◯はこのようにしてはいかがでしょうか。

**POINT** 「おかしい」と言ってしまうと相手の気分を害します。さりげなく提案することでスムーズに間違いを指摘できます。

### 改善点を伝えたいとき

**NG** 絶対に○○がいいと思います

**OK!** ○○のようにするといいと思うのですが

実例　会議は終了時刻を決めて行うといいと思うのですが、いかがでしょうか。

POINT　「こうしたらよくなる」と思っても断定的に言わず質問のように言うと、相手も聞く耳を持ってくれます。

---

### おかしいと思ったとき

**NG** おかしいと思います

**OK!** 失礼を承知の上でお伝えいたします

実例　失礼を承知の上でお伝えさせていただきます。この会議をやることに意味はあるのでしょうか。

POINT　時には直言しなければならないこともあります。その場合「失礼も承知〜」と丁寧な言い方を心がけましょう。

---

### なかなか返してくれないとき

**NG** ○○を返してくれませんか

**OK!** ○○はお役に立ちましたでしょうか

実例　先日お渡しした計画書はお役に立ちましたでしょうか。

POINT　相手が返すことをうっかり忘れていることもあるので、命令的ではなく、思い出させるような言い方をしましょう。

### 急がせたいとき

**NG** 急いでください

**OK!** 早急にご対応いただけると助かります

(実例) ○○の件ですが、早急にご対応いただけますと大変助かります。

(POINT) 「急いでください」では冷淡な言い方になってしまいます。相手が急いでくれるとありがたいという気持ちで。

---

### 返事がないとき

**NG** なぜ返事をくれないのですか

**OK!** いつ頃お返事をいただけますでしょうか

(実例) 在庫照会のお返事はいつ頃いただけますでしょうか。

(POINT) いきなり返事を求めるのではなく、まずは返事がいつ頃になるのかを聞くことがコツです。

---

### 進行が遅いとき

**NG** 遅すぎませんか

**OK!** 慎重すぎではないでしょうか

(実例) その進め方では慎重すぎではないでしょうか。

(POINT) 慎重であることは必ずしも悪いことではありません。言い方に工夫をすることで角が立たなくなります。

### 送ったか確認したいとき

**NG** 早く送ってくれませんか

**OK!** 行き違いでしたら申し訳ありません

**実例** 行き違いでしたら申し訳ありません。書類の発送はおすみでしょうか。

**POINT** 届くはずのものが期日までに届かないときなどは、「行き違いかも」と伝えて、相手の気を悪くしないように。

---

### 意図が伝わっていないとき

**NG** そうは言っていません

**OK!** 説明がわかりづらく申し訳ございません

**実例** 私の説明がわかりづらく申し訳ありません。その領収書は経費では落とせないことになっています。

**POINT** 相手に意図がうまく伝わらなかったときは、自分の伝え方がよくなかったと言うと、相手の気分を害しません。

---

### 約束(前の話)と違うとき

**NG** 話が違います

**OK!** お約束と違うようです

**実例** ここには鉄を使うはずではありませんでしたか。お約束と違うようです。

**POINT** 話が違う(=言ったことが違う)では相手が怒ることも。共通認識が違っているようです、と伝えてみましょう。

### 伝わっているか確認したいとき

**NG** ○○とお伝えしたはずですが

**OK!** ○○ということをお伝えしておりませんでしたでしょうか

（実例） 本日お伺いするということをお伝えしておりませんでしたでしょうか。

（POINT） 「伝えたはず」「忘れている」と言っては、嫌味で威圧的に聞こえてしまいます。

----

### 行き違いがあるとき

**NG** ○○と言ったはずです

**OK!** きちんと確認すればよかったのですが

（実例） こちらもきちんと確認すればよかったのですが、お振込みの期日は本日までとなっております。

（POINT） 「言った」「言わない」となってしまうのは、今後もお付き合いがあることを考えると好ましくありません。

----

### 迷惑していることを伝えたいとき

**NG** 迷惑です

**OK!** 困惑しております

（実例） 立て続けのミスでこちらも困惑しております。

（POINT） 「迷惑」と「困惑」は一文字の違いですが、相手に与える印象は大きく異なるものです。

第6章　相手の心に響く「お叱り」言葉

### まずい事態のとき

**NG** まずいです

**OK!** 支障をきたしております

**実例** システムエラーが続発しており、弊社の業務に支障をきたしております。

**POINT** 「まずい」では幼稚な言い方になってしまいます。「支障」「差し支え」といった大人な言い回しにしましょう。

---

### 何度もくり返し伝えるとき

**NG** 何度も言いますが

**OK!** 再三申し上げますが

**実例** 再三申し上げますが、納品の遅れにはくれぐれもご注意いただけますと幸いです。

**POINT** たびたび伝えているのに改善がないときに使うフレーズです。そろそろ我慢の限界がきていることが伝わります。

---

### こちらの事情も考えてもらいたいとき

**NG** いい加減にしてもらえませんか

**OK!** ご配慮いただけるとありがたいのですが

**実例** 弊社の事情にもご配慮いただけるとありがたいのですが…。

**POINT** 相手からの無理な要求についイラッとしてしまうときでも、丁寧な言い方を忘れないようにしましょう。

#### 間違いを指摘したいとき

 それは違いますね

 私の思い違いかもしれませんが、ご確認いただけますか?

実例　ここに表記されている商品の価格ですが、私の思い違いかもしれませんが今一度ご確認いただけますか?

POINT　少しへりくだる表現をすることで、ソフトに違いを指摘することができます。

#### 相手の意見を否定したいとき

 その考え方、間違っているよ

 私はこういう考え方ですが

実例　○○さんの考えは、なるほど、私は△△な考え方なのですが、いかがでしょうか。

POINT　否定するだけではネガティブな感情をわかせてしまいます。会話上手はサラッと自分の意見を返します。

#### やってほしいことを意見するとき

 いい年して挨拶もできないの?

 挨拶はしましょう

実例　○○さん、出社時と退社時に挨拶はしましょう。

POINT　やってほしいことができない相手にはつい嫌みを言ってしまうもの。余計なので用件のみ伝えましょう。

**ずるい言い方に＋α 6**

# 「叱る」「注意する」ときに大切なことは タイミングやシチュエーション

　部下や後輩を叱ったり、注意する場面は仕事をする上で必ずあるでしょう。そのときの効果的な言葉（フレーズ）を第6章で紹介しました。

　このとき、ただ怒りにまかせて感情的に言ってしまうと、言葉はよくてもパワハラ等になりかねません。叱り方にはマナーがあるのです。

「時間を置かずにすぐ叱る」「短く叱る」「叱る前後によかった点やほめ言葉を入れ叱責をサンドイッチにする」「誰もいないところで叱責する」「お互いに座った状態で目線を同じ高さにして叱る」などが叱るときのマナーです。このように叱ったり、主張することによって、より叱る側の気持ちが相手に伝わるほか、パワハラ等をされたなどと誤解されることもないでしょう。叱るときには、言葉以外に場所とタイミングなども考えましょう。

# 第7章

## 心遣いを感じさせる「声かけ」言葉

### 初対面の人と挨拶するとき

**NG** どうも、はじめまして

**OK!** 初めてお目にかかります

**実例** はじめてお目にかかります。私は△△社の○○と申します。

**POINT** 「どうも」は砕けた印象を抱かせてしまいます。「はじめまして」をより丁寧に言い換える表現が適切です。

---

### 名前を知っている初対面の人と挨拶するとき

**NG** はじめまして

**OK!** お噂はかねがね…

**実例** お噂はかねがね伺っておりました。本日はお会いできて光栄です。

**POINT** 初対面でも名前を聞いたことがある人は、一言添えて相手を立てます。

---

### よく会う人へ挨拶するとき

**NG** ○○さん、また会いましたね

**OK!** 本日もよろしくお願いいたします

**実例** 先日に引き続き、本日もよろしくお願いいたします。

**POINT** よく会う人には砕けた表現を使いがちですが、節度のあるフレーズで対応しましょう。

### 久しぶりに会う人へ挨拶するとき①

 お元気でしたか

 **ご無沙汰しております。
お元気そうで何よりです**

実例　すっかりご無沙汰してしまいまして、申し訳ございません。お元気そうで何よりです。

POINT　会話の糸口になるフレーズです。大きな声で言いましょう。

---

### 久しぶりに会う人へ挨拶するとき②

 お久しぶりです

 **お変わりございませんか**

実例　なかなかお目にかかれず、大変失礼をいたしております。その後、お変わりございませんか。

POINT　「久しぶり」という表現を、相手に合わせて変化させるとできる大人の言葉に生まれ変わります。

---

### 久しぶりに会った上司に挨拶するとき

 こんにちは。〇〇さん、全然変わりませんね！

 **ご無沙汰してます。
お変わりありませんね**

実例　ご無沙汰しております。〇〇さん、以前とお変わりありませんね。

POINT　久しぶりに会った上司に対して馴れ馴れしい態度はNGです。ビジネスシーンであることを忘れないように。

---

第7章　心遣いを感じさせる「声かけ」言葉

### 以前仕事をした上司と再度仕事をするとき

**NG** また一緒に仕事ができてうれしいです

**OK!** またご一緒できて光栄です

**実例** ご無沙汰しております。○○さんとまたご一緒できて光栄です。

**POINT** 「うれしい」という言葉はNGではありませんが、ビジネスシーンでは「光栄」のほうが適切な表現です。

---

### 初めて訪問先の担当者と会うとき

**NG** △△社の○○です。よろしくお願いいたします

**OK!** △△社の○○と申します。本日はお時間を頂戴し、ありがとうございます

**実例** はじめまして、△△社の○○と申します。本日はお忙しいところ、お時間を頂戴し誠にありがとうございます。

**POINT** 「はじめまして」とワンクッション置くといいでしょう。忙しい中、時間を作っていただいたことへのお礼を伝えます。

---

### 挨拶の代わりに相手を気遣いたいとき

**NG** 今日はお疲れ様でした

**OK!** 本日はご足労いただきまして…

**実例** 本日はわざわざご足労いただきまして、誠にありがとうございます。

**POINT** 一言、相手への気遣いの言葉を添えると好印象になります。

### 当たり障りのない会話を始めたいとき

**NG** いい天気ですね

**OK!** いいお日和ですね

**実例** 本日は晴天に恵まれ、まさにゴルフ日和ですね。

**POINT** 「日和」とは、晴れてちょうどよい天気のことを指す大和言葉です。

---

### やんわり反対したいとき

**NG** その意見には反対です

**OK!** こうしてみるのはいかがでしょうか？

**実例** A案とB案の順番を変えてみるというのはいかがでしょうか？

**POINT** 否定するだけでは不快感を与えます。否定だけではなく、代替案を提案すれば不愉快にならないでしょう。

---

### 疑問点を伝えたいとき

**NG** 言っていることがわかりません

**OK!** ○○についてご教授いただけますか

**実例** さきほどお話しいただいた○○のポイントについてご教授いただけませんか？

**POINT** 「わからない」と一方的に伝えるより、わからないから「教えてほしい」と伝えると疑問解消にもなります。

### 好きなものを伝えたいとき

**NG** よく使っています

**OK!** 愛用しています

（実例）私はこのカバンを愛用しています。

（POINT）長年使っているものや使用頻度の高いものは「愛用」と使うと、品よくより好きな気持ちが表現できます。

---

### 好意的な気持ちを伝えたいとき

**NG** ○○さんはすごいです

**OK!** ○○さんは私の憧れです

（実例）○○先輩は、私の憧れです。

（POINT）恋愛感情と勘違いされないようにする場合に使えるフレーズです。性別や年齢も関係なく使えます。

---

### 初対面の人へ好意を伝えたいとき

**NG** お会いできてうれしいです

**OK!** 初めて会った気がしませんね

（実例）○○さんとは、初めて会った気がしませんね。

（POINT）「私は心を開いています」という親近感を伝えられるフレーズです。相手も話しやすくなります。

### 相手の存在の大切さを伝えたいとき

 私にとって大切な存在です

## OK! 何者にも代えがたい存在です

(実例) ◯◯さんは、私にとって何者にも代えがたい存在でした。

(POINT) 自分にとって相手の存在が最重要だと伝えられる言葉です。ほぼどのような立場の相手にも使えます。

---

### 悲しみを伝えたいとき

 悲しいです

## OK! 悲しくなります

(実例) 押しメンの◯◯さんが結婚されるそうで、少し悲しくなりました。

(POINT) 「〜なります」とすると、大人な印象になります。感情の動きや切実な気持ちが伝わります。

---

### 自分が傷ついたことを伝えたいとき

 傷つきました

## OK! 私は◯◯で傷つきました

(実例) 私は、あなたの言葉で傷つきました。

(POINT) 「私は」を使うことで、相手に配慮しながら自分が傷ついたと主張することができます。

### 物事に喜んで応じるとき

**NG** お受けいたします

**OK!** 謹んでお受けいたします

**実例** このたびは弊社にご採用いただき、誠にありがとうございます。謹んでお受けいたします。

**POINT** 丁寧な発言の冒頭につけ足すだけで、さらに謙虚なイメージを相手に与えることができます。

---

### 相手から「恐縮です」と返ってきたとき

**NG** いえいえ、そんな〜

**OK!** どういたしまして

**実例** どういたしまして。こちらこそ、配慮が行き届いておらず申し訳ございませんでした。

**POINT** 「どういたしまして」はお礼だけでなく、お詫びや謙遜を穏やかに打ち消す言葉です。

---

### 依頼・命令などを聞き入れるとき

**NG** 了解しました

**OK!** 承知いたしました

**実例** 請求書作成につきまして、承知いたしました。

**POINT** 「了解」という言葉は同僚や部下に対して用いる言葉であり、上司には使用してはいけません。

### 相手が言ったことを相づちから肯定したいとき

**NG** そうですか

**OK!** 左様でございますか

**実例** はい、左様でございます。

**POINT** 相手が言ったことを肯定する意味をもち、相手の話に相づちを打つ丁寧な言葉です。

---

### 上手な相づちを打ちたいとき

**NG** ふ〜ん

**OK!** そうなんですか？　すごい！

**実例** ○○さん、さすがですね、そうなんですか、すごい！

**POINT** ワンパターンではなく複数の相づちを繰り出すと、話に興味を持っているというメッセージが伝わります。

---

### 相手をやわらかく受け止めたいとき

**NG** へぇ〜

**OK!** そうでしたか

**実例** ○○のトラブルは、そうでしたか……そんなことが発端だったんですね……。

**POINT** やわらい笑顔も織り交ぜて、相手を全肯定するイメージで言いましょう。相手は理解してくれたと思うはずです。

第7章　心遣いを感じさせる「声かけ」言葉

### 理解を示したいとき

**NG** 了解しました

**OK!** 承知しました

(実例) 承知しました。来週月曜日の会議前までに資料を用意しておきます。

(POINT) メモをとったり頷くなどの動作を加えると、より話の内容を理解して受けとった感じが伝わります。

---

### 承諾の気持ちを伝えたいとき

**NG** わかりました

**OK!** もちろんです！ お受けいたします

(実例) そのご提案は、もちろん、了解いたします

(POINT) 「もちろん」は「当然します」「言うまでもなく承諾します」という完全に受け入れることを短い言葉で表せます。

---

### 聞き返したいとき

**NG** え？ なに？

**OK!** もう一度、よろしいですか？

(実例) 今の発言、もう一度、よろしいでしょうか？

(POINT) 瞬間的に思ったままを口にすると乱暴に聞こえることにもなってしまいます。余裕をもつと丁寧になります。

#### 相手の話がまとまらないとき

**NG** 端的に話してください

**OK!** いったん、整理しましょう。
○○ということでよろしいでしょうか？

**実例** これまでの内容をいったん整理させてください。A案を推薦したいということでよろしいでしょうか？

**POINT** まとまっていない話は、理解することも共有することも難しいものです。こちらからポイントを要約しましょう。

---

#### 相手の話しがわかりづらいとき

**NG** ちょっと、よくわからないです

**OK!** 私の理解が追いつかず、
申し訳ありません

**実例** ○○さんの資料のご説明ですが、私の理解が追いつかず、申し訳ありませんが、あまりつかめておりません。

**POINT** 理解したフリをせず、素直にわからないことを伝えましょう。ただ、相手への配慮をにじませた言い方がベターです。

---

#### 話を切り上げたいとき

**NG** もういいでしょうか？

**OK!** もう少し聞きたいのですが、予定がありまして、改めて聞かせてください

**実例** もう少し○○さんのお話を聞きたいのですが、これから会議がありまして、またお願いします。

**POINT** 相手が気持ちよく話しているときなど「もう少し聞きたい」などクッション言葉を入れて柔らかく切りましょう。

### 相手に賛同したいとき

**NG** それ、いいな〜

**OK!** それ、いいですね

（実例）○○さん、来週お仕事お休みですか？ いいですね。

（POINT）「いいな〜」は嫉妬や劣等感がにじみ出て嫌味になることも。「いいですね」は素直に肯定している言葉になります。

---

### 相手の考えを認めるとき

**NG** なるほど

**OK!** 興味深い考え方ですね

（実例）○○さんのこの資料に書かれている考察は、本当に興味深い考え方ですね。

（POINT）自分の考え方とは違うときにも、相手の考えを肯定的に捉えているということを示せるフレーズです。

---

### 人を励ましたいとき

**NG** 頑張って

**OK!** 応援しています

（実例）不安だろうけど、本番では練習のとおりにやるだけで大丈夫です。後ろのほうから応援しています。

（POINT）「頑張って」は相手に荷を負わせる言葉です。「応援」を使うと励ます気持ちが表れます。

### 人を安心させたいとき

**NG** 安心してください

**OK!** 大丈夫、うまくいきますよ

（実例）ここまで努力してやってきたんです！　大丈夫、きっとうまくいきますよ！

（POINT）相手の不安を吹き飛ばすような気持ちで伝えましょう。味方がいると思って安心してくれるはずです。

---

### 相手のプレッシャーを減らしたいとき

**NG** 大丈夫ですよ

**OK!** ○○さんのペースでいいですよ

（実例）焦らなくていいですよ。○○さんのペースでやっていきましょう。

（POINT）周りからのプレッシャーが強そうなら、いつも出している力だけで乗り切れるということを伝えましょう。

---

### 落ち込んでいる人に

**NG** ポジティブにいきましょう

**OK!** 大変ですね。そんなときもありますよ

（実例）お疲れなんじゃないでしょうか。そんなミスをしたんですか……大変ですね、そんなときもありますよね。

（POINT）ポジティブになれるタイミングは相手次第です。まずは寄り添う言葉をかけてあげましょう。

第7章　心遣いを感じさせる「声かけ」言葉

### 体調が悪い人に

**NG** 顔色が悪いですよ

**OK!** **ゆっくり静養なさってください**

実例　周りのことは気にせず、まず今はゆっくり静養なさってください。

POINT　心配なあまりつい見た目を言ってしまうのはNGです。とにかく静養してもらうことを念頭に声をかけましょう。

---

### 相手の話に全面的に同意するとき

**NG** そのとおりです

**OK!** **おっしゃるとおりです**

実例　まさに、○○さんのおっしゃるとおりですよ。

POINT　相手の言うことに100％同意する場合は、相手への敬意を含んだフレーズを用いればいっそう伝わります。

---

### 同意していることを伝えたいとき

**NG** なるほど〜

**OK!** **確かにそのとおりですね**

実例　○○さんの意見は、確かにそのとおりですね。

POINT　相手が正しいと思ったら「確かに」と強調してから同意すると丁寧であり、深く同意していることが伝わります。

### 提案を了承するとき

**NG** それでいいです

**OK!** 異存ありません

(実例) もう、この内容で何も異存ありません。

(POINT) とくにビジネスの現場では「それでいいです」より、尊敬の念がにじむ言い回しにすることがベターです。

---

### 相手の心情に共感したとき

**NG** わかります

**OK!** お察しします

(実例) ○○さんの苦しい立場は……お察しします。

(POINT) 相手の心情をくんで共感していますという含みをもたせたフレーズは、聞いた相手の心が動き、より効果的です。

---

### 相手の話をまとめたいとき

**NG** 結局、こういうことですよね？

**OK!** こういう理解でよろしいでしょうか？

(実例) 今おっしゃっていただいたお話ですが、○○という理解でよろしいでしょうか？

(POINT) 「結局」「要するに」などと言われるといい気持ちはしません。上記のように確認するのがベターです。

### よろこびを伝えたいとき

**NG** 超うれしいです！

**OK!** 心からうれしく思います!

実例 こんなによくしていただき、心からうれしく思います。

POINT 「心」「胸いっぱい」という言葉で感情を表すと、いっそう喜びの気持ちが伝わります。

---

### 安心感を伝えたいとき

**NG** 安心しました

**OK!** ホッとしました

実例 初めは心配でしたが、無事に成功してホッとしました。

POINT シンプルながら感情がよく伝わる表現です。少しかしこまるなら「胸をなでおろした」「安堵した」が使えます。

---

### 祝福を伝えたいとき

**NG** おめでとう

**OK!** 心からお祝い申し上げます

実例 新しい一歩ですね。心からお祝い申し上げます。

POINT 相手に心の奥底から祝福していることを伝えられる言葉遣いです。

### 感動を伝えたいとき

**NG** すごくよかったです

**OK!** 感銘を受けました

実例　○○さんのスピーチに感銘を受けました。

POINT　「銘」は感動を心に刻み込む様子を表す言葉です。忘れたくないほどすばらしかったことが伝わります。

---

### おいしさを伝えたいとき

**NG** おいしいです

**OK!** シャキシャキしていておいしいです！

実例　○○さんが作ってくれたサラダ、新鮮でシャキシャキしていておいしいです。

POINT　おいしさを伝えるときには五感に訴えるフレーズがポイントです。オノマトペを使うと効果的です。

---

### 経験の浅い人にアドバイスしたいとき

**NG** 世の中、そんなに甘くないから

**OK!** あなたの考えを聞かせてくれますか？

実例　具体的にはどうする？　あなたの考えを聞かせてくれますか？

POINT　上から目線の言い方は脅しにも似た印象になります。まずは意図を知るために問いかけてみましょう。

### 言いたいことがあるとき

**NG** こんなこと言いたくないんだけど

**OK!** 気になっているので伝えておきますが

**実例** ○○さんの仕事の進め方について、気になっているので伝えておきますが……。

**POINT** 「言いたくないけど言う」ということは、少し脅しのニュアンスを含みます。素直に言うべきです。

---

### うれしいことを聞いてもらいたいとき

**NG** 自慢じゃないけど

**OK!** ちょっといいことがあったから自慢してもいい?

**実例** 昨日、○○先輩にほめられたんですよ。ちょっと自慢してもいいですか?

**POINT** 自慢話は印象が悪い場合が多いもの。相手が話すことを許してくれたら、嫌みな印象が減るでしょう。

---

### 仕事などを教えるとき

**NG** あなたには、まだできないと思うけど

**OK!** やってみてわからないことがあれば聞いてください

**実例** ここまで説明しました。ですので、やってみてわからないことがあれば聞いてくださいね。

**POINT** 新人に「まだできない」などと前置きして言うことは相手をおとしめることに。サポートする意思を伝えるべきです。

### 失敗した相手をねぎらいたいとき

**NG** やっぱりダメだったね

**OK!** よく頑張ったのに残念でしたね

**実例** とにかく挑戦して、よく頑張ったのに残念でしたね

**POINT** 失敗を「失敗」と言ってしまうとねぎらっている意味がありません。気持ちを伝えるようにしましょう。

---

### 相手が何か悩んでいるとき

**NG** そんなことで悩むなんて

**OK!** どういうことで悩んでいるの？

**実例** ○○さん、最近静かなようだけれど、何か悩んでいることがあれば言ってくださいね。

**POINT** 悩みの度合いは他人にはわからないもの。自分の尺度で決めつけず、相手に寄り添う方向で。

---

### 相手の背中を押したいとき

**NG** 口で言うのは簡単だよね

**OK!** 実行するにはどうすればいいかな？

**実例** それは興味深いアイデアですね。実行するにはどうすればいいのでしょうか？

**POINT** NGフレーズは人のやる気を削ぐフレーズです。背中を押したければ前向きな言葉を使いましょう。

### 相手をもちあげたいとき

**NG** 見かけによらず、すごいね

**OK!** それができるなんて、すごいね

**実例** 英語のほかにドイツ語や中国語もできるなんて、すごいですね。

**POINT** 「見かけ」をもち出すと不愉快に思う人が多いです。見た目のギャップでもちあげることは気をつけましょう。

---

### 相手のおもしろい挙動に反応するとき

**NG** 天然ですね

**OK!** 愛されキャラですね

**実例** ○○さんは、愛されキャラですよね〜

**POINT** 「天然」＝「天然ボケ」はネガティブな意味にも使われるので、親しい人以外には使わないほうが無難。

---

### 不安を抱える相手に声をかけたいとき

**NG** 細かいこと気にしすぎ

**OK!** 細かいことが気になって大変ですね

**実例** お悩みのようですね。細かいことが気になって大変ですね。

**POINT** 相手が気に病んでいることを自分の尺度で「気にしすぎ」と言うのは失礼。共感を示すことが大切です。

### 相手をたたえたいとき

**NG** よかったですね

**OK!** よかったです！　私もうれしいです！

**実例** やりましたね！　目標達成しましたね！　とてもよかったです！　私もうれしいです！

**POINT** 喜びに共感している姿を見せると、たたえられていると認識しやすいです。少しオーバーに言いましょう。

---

### 選択を促されたとき

**NG** これでいいのでは

**OK!** これがいいと思います

**実例** 私は、C案がいいと思います。

**POINT** 「で」を使うと、なんでもいいと妥協しているように思われ、印象がよくありません。

---

### 人を気遣うとき

**NG** お疲れ気味ですね

**OK!** お変わりはありませんか

**実例** ○○先輩！　最近、お変わりはありませんか？

**POINT** 「疲れ」を指摘するとショックを受ける人もいます。相手を気遣うときに便利な言葉が上記になります。

第7章　心遣いを感じさせる「声かけ」言葉

### 相づちで確認するとき

**NG** 嘘でしょ？

**OK!** # 本当に?

実例 （相手が話している最中に）〜、本当ですか……。

POINT 真剣に話しているときに「嘘でしょ？」は否定された気持ちになりやすい相づちです。

---

### ほどほどに共感したいとき

**NG** ああ、わかります

**OK!** # お察しいたします

実例 昨日、そんなことが営業部であったんですか……お気持ち、お察しいたします。

POINT とくに目上の人と会話をしているときには NG な相づちです。言い換えるなら改まった「お察しします」。

---

### ものをいただくとき

**NG** 1個もらいますね

**OK!** # おー つ頂戴しますね

実例 沖縄出張のお土産のサーターアンダギーですか……、おー つ頂戴しますね。

POINT ビジネス現場でお土産などをもらう際に丁寧に言うなら「もらう」の謙譲語の「頂戴」を使うように。

### 久々に友人に会ったとき

**NG** 仕事は順調？

**OK!** 最近どう?

(実例) お〜久しぶり〜、最近どうよ？

(POINT) 「YES」か「NO」を求められる質問には、答えづらい人もいます。その場合、それを求めない質問をしましょう。

---

### 偶然、久しぶりに知人に会ったとき

**NG** 私のこと覚えてますか？

**OK!** 以前、△△のセミナーでご一緒した○○です

(実例) ○○さんですよね？ 以前、話し方セミナーでご一緒した△△です。

(POINT) 相手を試すような質問は、困らせたり不愉快にさせることも。自分から名乗ることが無難な場合も。

---

### 上司から何か頼まれたとき

**NG** わかりました

**OK!** かしこまりました

(実例) ○○商事へ訪問する際に必要なプレゼン資料の件、かしこまりました。

(POINT) この場合、目上の人への返事は「かしこまりました」。また「承りました」も使える返事です。

第7章 心遣いを感じさせる「声かけ」言葉

### 急かされるようなことを言われたとき

**NG** 心配いりません！

**OK!** ご配慮ありがとうございます。
順調ですので、ご安心ください。

**実例** 期日までには問題ありません。ご配慮ありがとうございます。順調ですので、ご安心ください。

**POINT** ついイラっとすると、感情が言葉に出てしまうことがあります。問題なければポジティブな言葉の返事を。

---

### ほめられて謙遜したいとき

**NG** いえいえ、そんなことないですよ

**OK!** ○○さんに助けていただいた
おかげです。

**実例** こんなに多くのことを達成できたのは、○○さんに助けていただいたおかげです。

**POINT** ほめられたとき、謙遜しすぎて否定するような返事になってしまうことが。感謝を伝えてみましょう。

---

### ゆっくり話せないとき

**NG** また、そのうちに

**OK!** いずれ、改めまして

**実例** 今日はゆっくりお話ができず残念です。いずれ、改めましてご連絡いたします。

**POINT** 挨拶程度ですぐ別れてしまう場合は、このような言い方にすると印象がよくなります。

### 外出先で偶然会ったとき

**NG** どちらへ行かれるんですか？

**OK!** 奇遇ですね

実例 ○○さん、こんなところで奇遇ですね。

POINT 挨拶程度でとどめておき、相手にどこに向かうのかまでは聞かないようにしましょう。

---

### 来客を見送るとき

**NG** それでは

**OK!** どうぞお気をつけて

実例 それではこちらで失礼いたします。どうぞお気をつけてお帰りください。

POINT 「それでは」だけでは素っ気ない印象です。相手を気遣う一言をプラスすると、暖かいフレーズに変化します。

---

### 来客が片づけをしようとするとき

**NG** 後でやるからいいですよ

**OK!** どうぞ、そのままで結構でございます

実例 どうぞ、そのままで結構でございます。お気遣いいただき恐縮です。

POINT 気遣いと感謝の気持ちを込めて、ソフトに声をかけましょう。

### 次につなげたいとき

**NG** また今度、会いましょう

**OK!** またご連絡させていただきます

実例　今日はありがとうございました。またご連絡させていただきます。

POINT　「会いましょう」という言葉だけでなく、こちらから会いたい気持ちを伝えることが大切です。

---

### しばらく会わない人へ挨拶するとき

**NG** では、またいつか

**OK!** またお目にかかれることを楽しみにしております

実例　またお目にかかれることを楽しみにしております。どうぞ、お元気で。

POINT　「いつか」は次の機会がないイメージがあります。「また会いたい」という意思を添えると好感をもたれます。

---

### 初顔合わせのとき

**NG** 早速ですが、本題に入ります

**OK!** ご一緒できますこと、大変光栄に存じます

実例　このたびのプロジェクトでご一緒できますこと、大変光栄に存じます。

POINT　まずは一緒に仕事ができることへの感謝の気持ちを伝え、いきなり本題に入るのは控えましょう。

### 相手が見送ってくれたとき

**NG** 失礼します

**OK!** こちらで失礼します

(実例) それでは、こちらで失礼します。本日はお時間をいただき、誠にありがとうございました。

(POINT) 「もう、ここで結構です」というニュアンスを伝える表現です。

---

### 新しい会社へ入社するとき

**NG** よろしくお願いします

**OK!** 何卒ご指導のほど、お願い申し上げます

(実例) △月に入社しました○○と申します。何卒ご指導のほど、よろしくお願い申し上げます。

(POINT) 「よろしくご指導ください」という気持ちをより丁寧に伝えると、よい印象を与えます。

---

### 配属先で着任の挨拶をするとき

**NG** 頑張りますので、よろしくお願いいたします

**OK!** 皆様のご期待に応えられるよう…

(実例) 皆様のご期待に応えられるよう精いっぱい務めたいと思っております。

(POINT) 「頑張ります」では少々物足りない挨拶です。周りの人への敬意とやる気を添えましょう。

第7章 心遣いを感じさせる「声かけ」言葉

### 取引先で着任の挨拶をするとき

**NG** 何かとご迷惑をおかけしますが…

**OK!** お役に立てるよう、全力を注いでまいります

**実例** 前任者に引き続きお役に立てますよう、全力を注いでまいります。どうぞよろしくお願い申し上げます。

**POINT** 取引先で謙遜するのは逆効果です。「○○さんなら安心」というイメージをもたせるような挨拶を。

---

### 担当者変更の挨拶をするとき

**NG** 担当が変わりました

**OK!** 新しく担当になりました、○○です。何なりとご用命ください

**実例** 新しく○○様を担当させていただくことになりました、△△と申します。どうぞ何なりとご用命ください。

**POINT** 相手先にとって担当者の変更は不安です。誠実な挨拶は安心感を与え信頼していただくことができます。

---

### 上司へ異動の挨拶をするとき

**NG** ○○部長、ありがとうございました

**OK!** ひとかたならぬお世話になりまして…

**実例** ○○部長には、いつも目をかけていただき、ひとかたならぬお世話になりました。

**POINT** 言葉に表せないほどというニュアンスをもつ「ひとかたならぬ」をつけると、より深い感謝を伝えることができます。

### 取引先へ異動の挨拶をするとき

 あまりお役に立てず、すみませんでした

 ## ご愛顧いただき、ありがとうございました

(実例) 皆様には、○年間にわたりご愛顧いただき、ありがとうございました。

(POINT) 取引先との関係が親密でなかったとしても、ネガティブな表現をせず、感謝の気持ちだけを伝えましょう。

---

### 退職の挨拶をするとき

 転職のため、退職させていただきます

 ## 一身上の都合により退職いたします

(実例) このたび、一身上の都合により退職することとなりました。これまで大変お世話になりました。

(POINT) 退職理由は、「一身上の都合」という表現であいまいにしましょう。

---

### 定年退職する上司へ言葉をかけるとき

 色々お世話になりました

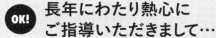 ## 長年にわたり熱心にご指導いただきまして…

(実例) 長年にわたり熱心にご指導いただきまして、心よりお礼申し上げます。

(POINT) 目上の人が定年退職するときは、心から敬意を表します。堅苦しいぐらいの挨拶がちょうどよいでしょう。

第7章 心遣いを感じさせる「声かけ」言葉

### 上司を社外の人に紹介するとき

**NG** こちらが○○部長です

**OK!** 部長の○○でございます

**実例** ご紹介いたします。弊社の営業部長の○○でございます。

**POINT** 社外の人から見ると社内の人間は身内にあたります。紹介するときは敬称を付けず、謙譲語を使いましょう。

---

### 社外の人を上司に紹介するとき

**NG** こちらが、○○さんです

**OK!** いつもお世話になっている○○様でいらっしゃいます

**実例** こちらの方がいつもお世話になっている、○○様でいらっしゃいます。

**POINT** ラフな形は社外の人を軽んじる印象を与えてしまうため、上司であってもかしこまった丁寧な言い方をしましょう。

---

### 来訪者に声をかけるとき

**NG** 何でしょうか

**OK!** よろしければ、ご用件をお伺いいたしましょうか

**実例** 失礼いたします。よろしければ、ご用件をお伺いいたしましょうか。

**POINT** 初めて声をかけるときは、丁寧に焦らせないよう配慮しましょう。

### 来訪者を案内するとき

**NG** あちらの会議室へどうぞ

**OK!** ご案内いたします。こちらへどうぞ

（実例）○○様、会議室へご案内いたします。こちらへどうぞ。

（POINT）「あちらへ…」という表現では不案内な人に不親切です。最初に「ご案内します」と言葉をかけましょう。

---

### 訪問者に席を勧めるとき

**NG** お座りください

**OK!** ○○のお席におかけください

（実例）奥の窓側の席におかけください。担当者がすぐに参りますので、今しばらくお待ちくださいませ。

（POINT）席を指示することで、こちらが希望する席へと誘導できると同時に、訪問者にとっても座りやすくなります。

---

### 長時間の作業をねぎらうとき

**NG** お疲れ様です

**OK!** 遅くまでお疲れ様です。
お体には気をつけてくださいね

（実例）○○様、遅くまでお疲れ様です。お体には十分気をつけてくださいね。

（POINT）相手からのメールの送信時間が深夜におよんでいるときなど、相手の体調を気遣うと印象がよくなります。

第7章　心遣いを感じさせる「声かけ」言葉

**ずるい言い方に＋α 7**

# 声かけ、言葉かけはもちろん、仕草（態度）で人との関係を構築できる

　良好なコミュニケーションをとるために、挨拶や声かけをするわけですが、そんな気遣いの言葉以外に行動や態度で信頼関係を築く術があります。

　まずは、相手の話す速度に合わせて相づちを打ったり話す速度を合わせたりする「ペーシング」です。会話のペースが同じだと相手は安心するほか、話が弾みやすくなります。続いて、相手と同じ身振りや動作を相手の鏡のように行う「ミラーリング」です。相手が飲み物に手を伸ばしたタイミングで自分も飲み物を飲んだり、相手と同じタイミングで資料を見たりするのです。相手と同じ行動をすると"仲間意識"が芽生え、相手に親近感を与えられるのです。会話の内容でも、同郷なことがわかったり、好きな映画が同じだったりと相手と共通部分があると、一気に打ち解けることができるでしょう。

## 第8章

### 電話やSNS等で使える

## キラーフレーズ

## 電話を受けるとき、保留のとき

**NG** もしもし…お待ちください

**OK!** はい、株式会社△△でございます。
…少々お待ちください

**実例** はい、株式会社△△でございます。…○○でございますね。
少々お待ちくださいませ。

**POINT** 電話に出るときは、先方が正しい電話先へかけていることが
わかるように、必ず社名を伝えましょう。

---

## 電話を受けたときに担当者が外出しているとき

**NG** ○○は外出しています

**OK!** あいにく○○は外出しておりまして、
△時頃に戻る予定でございます

**実例** 大変恐れ入りますが、○○は外出しております。△時頃に戻
る予定でございます。

**POINT** 何時に戻るかを伝えると丁寧です。もし外出先や携帯の番号
を聞かれても「本人から連絡させます」としましょう。

---

## 電話で依頼をするとき

**NG** お願いしたいことがあって…

**OK!** お時間をいただいてよろしいでしょうか

**実例** ただいま、お時間をいただいてよろしいでしょうか。実は○
○様にお願い事がありまして……。

**POINT** いきなり本題へ入ってしまうと相手は驚いてしまいます。ま
ずは相手の状況を気遣い、ワンクッション置きましょう。

### 夜遅い時間に電話するとき

**NG** 急ぎの電話なのですが

## OK! 夜分遅くに申し訳ございません

**実例** 夜分遅くに申し訳ございません。○○でございますが、急ぎのご連絡がありまして…

**POINT** まず遅い時間に電話をかけたことを謝罪し、その後、用件に入るのがマナーです。

---

### 同じ相手に何度も電話するとき

**NG** さきほど言い忘れたのですが

## OK! たびたび恐れ入ります

**実例** たびたび恐れ入ります。○○でございますが、先ほどうっかりお伝えし忘れたことがございまして…

**POINT** 同じ相手に何度も電話をかけると、取り次ぐ人や本人によい印象をもたれません。「たびたび」と前置きを。

---

### 電話相手のところへ訪問することを伝えるとき

**NG** こちらから出かけていきます

## OK! 私がそちらにお伺いします

**実例** 私が御社にお伺いします。△時に御社のロビーでよろしいでしょうか。

**POINT** 電話では「誰が」「どこへ」「何時に」の3つを伝え、相互理解に努めます。また「伺う」という謙譲語を使います。

### 伝言を頼むとき

**NG** 伝言してもらいたいのですが…

**OK!** お言付け願えますか

(実例) 明後日のお約束を△時に変更したいと、お言付け願えますか？

(POINT) 丁寧な言い方でお願いすることで、相手を不快にさせません。

---

### 相手が不在のとき

**NG** では結構です

**OK!** のちほど、改めてお電話させていただきます

(実例) お出かけですか。では、のちほど改めまして、私からお電話させていただきます。

(POINT) 「結構です」はぶっきらぼうな印象を与えてしまいます。こちらの希望を丁寧に伝えましょう。

---

### 電話相手が名乗らないとき

**NG** どちら様でしょうか

**OK!** 恐れ入りますが、お名前を伺えますでしょうか

(実例) 大変恐れ入りますが、お名前を伺えますでしょうか。

(POINT) 「恐れ入りますが」と断りの言葉を一言伝えるだけで、不快感なく名前を尋ねることができます。

### 相手の声がよく聞こえないとき

**NG** もっと大きな声でお願いします

**OK!** お電話が少々遠いようですが

**実例** 申し訳ございません。お電話が少々遠いようでございます。

**POINT** 相手の話し方で聞こえにくい場合でも、指摘してはいけません。遠回しに伝えることがマナーです。

---

### 代わりに用件を聞くとき

**NG** どういったご用件ですか

**OK!** 代わりにご用件を承りますが

**実例** 差し支えなければ、私が代わりにご用件を承ります。

**POINT** 担当者が不在のときやすぐ戻らない場合は、代わりに用件を聞く提案をしてみましょう。

---

### 受けた電話で用件をすませたいとき

**NG** ついでにいいですか？

**OK!** いただいたお電話で恐縮ですが

**実例** いただいたお電話で恐縮ですが、先般ご相談いただいた件でお話ししたいことが…

**POINT** 受けた電話でこちらの用件を伝えたいときは、相手を立てる丁寧な言い回しで話し始めましょう。

第8章 電話やSNS等で使えるキラーフレーズ

### 伝言を頼まれたとき

**NG** はい、かしこまりました

**OK!** 念のために、復唱させていただきます

**実例** 確かに承りました。念のために、復唱させていただきます。

**POINT** 伝言を頼まれた場合は、その内容を復唱することで伝言の正誤を確かめ相手に安心感を与えましょう。

---

### 初対面の相手にメールを送るとき

**NG** いつもお世話になっております

**OK!** 突然のメールで失礼いたします

**実例** 突然のメールで失礼いたします。△△社の○○と申します。

**POINT** ほとんど面識のない相手に対して「いつもお世話になっております」は間違った使い方です。

---

### メールで「させていただく」という表現が続いたとき

**NG** 社内で確認させていただき、検討させていただきます

**OK!** 社内で確認し、検討いたします

**実例** いただきました資料ですが、一度社内で確認し、検討いたします。

**POINT** 「いただく」の重複は禁物です。「いたします」とシンプルにしましょう。

## メールで反対意見を伝えたいとき

**NG** やや唐突だと思いました

**OK!** やや唐突だという印象をもちました

（実例）○○さんのご意見はやや唐突だという印象をもちました。

（POINT）「〜だと思いました」よりも婉曲な言い回しにしましょう。「感想を抱きました」という表現でもよいでしょう。

---

## LINE 交換したいとき

**NG** LINE 交換しよう！

**OK!** ご都合のいい連絡手段を教えていただけませんか

（実例）○○さん、ご都合のいい連絡手段を教えていただけませんか？

（POINT）簡単に教えたくない人もいます。「もしよかったら、LINE など都合のいい連絡手段を」と丁寧に聞きましょう。

---

## X（旧ツイッター）でリプライするとき

**NG** これはおもしろいですね！

**OK!** FF 外から失礼します

（実例）FF 外から失礼します。とってもおもしろいと思います。

（POINT）「FF」はフォロー／フォロワーという意味で、上記は枕詞的に使われます。「こんにちは」もアリです。

第8章 電話やSNS等で使えるキラーフレーズ

### Instaglam フォローするとき

 フォローしました

**OK!** 初めまして。
素敵なお写真ですね

実例 　初めまして。素敵なお写真ですね。これから、いつも拝見させていただきます。

POINT　実際に対面する場合と同じように、最初は挨拶をするなど、相手への気遣いが大切です。

---

### 結婚式の受付で挨拶するとき

 こんにちは

**OK!** 本日はお招きいただき、
誠にありがとうございます

実例　こんにちは。本日はお招きいただき、誠にありがとうございます。

POINT　まず招待していただいたことへの謝意を伝え、その後に「いいお天気ですね」など話をつなげていきましょう。

---

### お祝いのスピーチをするとき

 ◯◯さんは素敵な相手をゲットしましたね

**OK!** こんな素敵な相手に選ばれて、
◯◯さんは世界一幸せ者ですね

実例　◯◯さんはこんな素敵な相手に選ばれて、世界一幸せ者ですね。

POINT　新郎新婦両方に使える鉄板スピーチです。結婚する相手を立てて、知り合いがいかに幸せかを表現しましょう。

### 披露宴の終わりのとき

**NG** いい披露宴だったよ

**OK!** 素敵な披露宴でした。
2人ともお幸せに!

**実例** ○○さん、△△さん、素敵な披露宴でした。2人ともお幸せに!

**POINT** まず披露宴を楽しんだことを伝えましょう。その後に「お幸せに!」と定番フレーズを使うとベターです。

---

### お通夜でお香典を手渡すとき

**NG** このたびは、残念ですね

**OK!** ご愁傷様でございます。
心よりお悔やみ申し上げます

**実例** このたびは、ご愁傷様でございます。心よりお悔やみ申し上げます。

**POINT** 遺族に声をかけるときはこのフレーズが決まりです。仏式の葬儀は「ご冥福をお祈りいたします」です。

---

### キリスト教の弔問のとき

**NG** ご愁傷様でございます

**OK!** 安らかなお眠りをお祈り申し上げます

**実例** 安らかなお眠りをお祈り申し上げます。

**POINT** キリスト教では「ご愁傷様」は言いません。また香典は「お花料」です。弔問の際は、宗教や宗派の確認を。

### 弔問客へ対応するとき

**NG** ありがとうございました。よい最期だったと思います

**OK!** おかげさまで、安らかな最期でございました。○○は天寿を全ういたしました

**実例** おかげさまで、安らかな最期でございました。父は天寿を全ういたしました。

**POINT** 遺族が弔問客に対して使うフレーズ。弔問客が故人に対して「天寿を全うした」と使ってはいけません。

---

### 遺族に言葉をかけるとき

**NG** すごい人数ですね。○○さん、すごいな

**OK!** 大変な人数がお集まりで。これも○○さんのお人柄ですね

**実例** 大変な人数がお集まりで。○○さんのお人柄ですね。

**POINT** 故人を失った悲しい気持ちを素直に伝えましょう。故人が高齢だった場合は、人柄を偲ぶ言葉もよいでしょう。

---

### お見舞いのとき

**NG** ケガ、大丈夫ですか？

**OK!** お元気そうで安心しました

**実例** ○○さん、お元気そうで安心しました。お大事になさってくださいね。

**POINT** 気弱になっている相手に負担にならないように言葉をかけましょう。

### 仕事仲間・同僚が入院したとき

**NG** さっさと退院して戻ってきて

**OK!** # 仕事のことは心配せずに

**実例** ○○さん、仕事のことは心配せずに、養生して早く元気になってよ。

**POINT** 仕事のことをフォローしておくことや「一日も早く元気になって」という言葉を添えましょう。

---

### 乾杯の挨拶をするとき

**NG** さて、乾杯をしたいと思います

**OK!** # 僭越ではございますが…

**実例** 僭越ではございますが、乾杯の音頭をとらせていただきます。乾杯！

**POINT** 私のようなものがこのような役目をいただいて「僭越ですが」とへりくだった言い方をしましょう。

---

### 締め（閉会）の一言を言うとき

**NG** これで閉会とさせていただきます

**OK!** # 宴もたけなわですが…

**実例** 宴もたけなわですが、そろそろお開きにしたいと思います。

**POINT** 閉会時には「宴もたけなわですが」「お話に花が咲いているようですが」などの常套句での前置きをしましょう。

## おわりに

　毎日使っている「言葉」ですが、実は自分が口にしているボキャブラリー（語彙）は意外と少ないと言われています。自分が好きな言葉を自然と繰り返し使っていることが多く、人から見ると、それがその人の特徴や個性に感じられるのだそうです。

　知らず知らずのうちにネガティブな言葉を繰り返し使っていたとしたら、人からはネガティブな人に映るかもしれません。そして、不意に出したネガティブな言葉で人を傷つけたりしていたかもしれません。そんなネガティブな人からお願い事をされたとしても、受け入れづらいですよね。

　本書では「人を動かす言葉」への言い換えにフォーカスしました。本でも記したように、言い換える言葉（フレーズ）は、タイミングやシーン、話す相手といったTPOなどを意識して選ぶことが効果的です。中には使い慣れていない言葉もあると思います。ただそれを使っていくうちに、人からの見え方が変わっていくのです。

　紹介した言い換えフレーズのベースには「相手への

思いやり」が込められています。気遣いや思いやりという温かな感情が流れる言葉は、ポジティブな印象も与えます。

　以前はネガティブなことばかり言っていたのに最近はポジティブな言葉が多いと思われたら、きっと印象もポジティブな人に変わっていると思います。
　ポジティブな人とはコミュニケーションも円滑になるでしょう。そして、お願い事も受け入れやすくなるでしょう。人が気持ちよく動いてくれるようになるのです。

　みなさんの日常生活に本書の言い換えフレーズが役立つことを願っています。

佐藤幸一

## 佐藤幸一（さとう・こういち）

1961年大阪府生まれ。大学卒業後、大手広告代理店で働き始めるが、月間200時間にもおよぶ残業と職場の人間関係に悩まされ、3年で退職。両親が営む会社で働くも業績悪化により会社は倒産、多額の借金を背負い再就職活動へ。この時の活動で悩んだことをきっかけに、コミュニケーションや心理学を研究する。その後、不動産会社の営業として再就職を果たし、5年で借金を返済。現在は、コンサルタントとして大手企業の人材育成や職場のコミュニケーション活性化支援をライフワークとしている。

著書に『たった一言で印象が変わる！ モノの言い方事典』『大人のための敬語の使い方BOOK』『見るだけで語彙力アップ！ ビジネスに効く 大人の「漢字」ノート』『大人なら知っておきたい すごい「モノの言い方」』（以上、総合法令出版）などがある。

視覚障害その他の理由で活字のままでこの本を利用出来ない人のために、営利を目的とする場合を除き「録音図書」「点字図書」「拡大図書」等の製作をすることを認めます。その際は著作権者、または、出版社までご連絡ください。

「できる大人」の人を動かす言葉
# ずるいモノの言い方

2025年1月23日　初版発行

著　者　佐藤幸一
発行者　野村直克
発行所　総合法令出版株式会社
　　　　〒103-0001 東京都中央区日本橋小伝馬町15-18
　　　　EDGE小伝馬町ビル9階
　　　　電話　03-5623-5121
印刷・製本　中央精版印刷株式会社

落丁・乱丁本はお取替えいたします。
©Koichi Sato 2025 Printed in Japan
ISBN 978-4-86280-977-3
総合法令出版ホームページ　http://www.horei.com/